Renate Pastenaci:

geb. am 5.9.52 in Berlin, wo ich auch die Schule absolvierte. Zunächst Ausbildung als Bankkauffrau. 6 Jahre Berufstätigkeit. Über den 2. Bildungsweg erreichte ich am Berlin-Kolleg mit 27 Jahren das Abitur. Vom 28 Lj. bis zum 35 Lj. Medizinstudium an der FU Berlin. Ärztliche Tätigkeiten in den Fächern Chirurgie, Innere Medizin und Psychiatrie. Jahrelange Tätigkeit als Sozial-Medizinische Gutachterin. Ich absolvierte eine 5 jährige Ausbildung zur Psychotherapeutin und Psychanalytikerin am Alfred-Adler-Institut Berlin. Seit über einem Jahr arbeite ich in eigener Praxis als niedergelassene ärztliche Psychotherapeutin und seit kurzer Zeit zusätzlich als Psychanalytikerin. Ich bin verheiratet und habe 2 Kinder.

Peter Dettmering:

1933 geboren, Ausbildung zum Psychiater 1962-1968 an der Universitätsnervenklinik Tübingen, 1968-1987 Leiter sozial-psychiatrische Dienste in Berlin und Hamburg, seit 1987 niedergelassen als analytisch orientierter Psychotherapeut in Wedel/Holstein.

Buchpublikationen:

„Dichtung und Psychoanalyse" (1969/1995), „Dichtung und Psychoanalyse II" (1974/1997), „Heinrich von Kleist" (1975/1999), „Psychoanalyse als Instrument der Literaturwissenschaft" (1981/1995), „Literatur/ Psychoanalyse/ Film" (1984, im Verlag Frommann-Holzboog), „Das Selbst in der Krise" (1986/1995), „Die Adoptionsphantasie" (1994, im Verlag Königshausen u. Neumann), „Die Kinder- und Hausmärchen der Brüder Grimm in der Erstdruckfassung von 1812/1815" (1986/1997) und „Formen des Grandiosen" (1998).

Inhalt

ZUR EINFÜHRUNG

Wie kam es zur „Entdeckung", das heißt zur ersten Beschreibung dessen, was heute vielerorts von den Medien als „Vermüllungssyndrom" reflektiert und kolportiert wird? Um dem Leser eine Vorstellung zu vermitteln, muß ich etwas weiter ausholen und eine Skizze entwerfen, wie es in der deutschen Psychiatrie der Fünfziger und Sechzigerjahre aussah.

Wenn man genau hinsieht und hinhört, schwang die menschenverachtende Grundhaltung der faschistischen Jahre immer noch mit. So hörte ich Psychiatrie bei dem renommierten Hamburger Ordinarius Hans Bürger-Prinz, dessen geschliffener Vortragsstil bei den Studenten besser ankam als der des Psychosomatikers Artur Jores, obwohl Jores um Verständnis für das Erleben des Patienten warb, und Bürger-Prinz genau dieses Verstehen immer wieder boykottierte. Bot sich die Gelegenheit zu einer menschenverachtenden grandiosen Geste, verriet er den Patienten, den er gerade in seinem Kolleg vorstellte, an das Auditorium.

Einer 16jährigen, die unter akuter Zwangssymptomatik litt, stellte er abschließend „behutsam" die Frage, was denn nun das Schlimmste für sie sei? „Daß ich immer denken muß: Warum gerade ich?" war die Erwiderung. „Ja, mein Kind, das mußt du den lieben Gott fragen", antwortete Bürger-Prinz und nahm so die Gelegenheit wahr, sich über den Kopf der Patientin hinweg über die Vorstellung eines „lieben" Gottes zu mokieren.

Und ähnlich verfuhr er mit einem Mann,dem seine Freundin den Laufpaß gegeben hatte und der sich daraufhin vor ihrer Wohnungstür die Pulsadern aufgeschnitten hatte. „Verstehen Sie das? Ich auch nicht", sagte Bürger-Prinz zum Auditorium gewendet, während der Patient in seiner gestreiften Anstaltskleidung von einem Pfleger abgeführt wurde.

Als Bürger-Prinz dann noch an einem Jahrestag des 20. Juli 1944 das fehlgeschlagene Attentat auf Hitler mit endogenen Vorgängen in Verbindung brachte, denen man nicht Einhalt gebieten könne

7

oder dürfe, stand für mich fest, daß ich meine Assistentenzeit nicht in Hamburg ableisten würde. Stattdessen zog mich Tübingen an, dessen psychiatrische Klinik gerade von Walter Schulte übernommen worden war, der eine andere Psychiatrie praktizierte. Für ihn stand das Selbsterleben des Patienten an erster Stelle, sei es das Erleben des Parkinson- oder Apoplexie-Kranken oder das des Melancholikers mit seinem von Schulte hervorgehobenen „Nichttraurigseinkönnen".

Ein Melancholie-Aufsatz aus der Feder Walter Schultes im Almanach für Psychiatrie und Neurologie war der Anstoß, mich in Tübingen zu bewerben und dort im Januar 1962 meine erste Stelle anzutreten. Ich traf auf eine Klinik im Umbruch. Schulte hatte die Klinik von Ernst Kretschmer übernommen, der noch im Souterrain der Klinik Hof hielt und dem jeder Neuankömmling sich vorzustellen hatte. Kretschmer reichte mir flüchtig zwei Finger einer Hand und fragte, welches seiner Bücher ich am liebsten gelesen hätte. Ich war nicht um die Antwort verlegen; seine Ausführungen zu den sthenischen und asthenischen Anteilen der Persönlichkeit, zum „sthenischen Stachel", den auf das jeweilige Mischungsverhältnis zurückgehenden sensitiven oder expansiv-querulatorischen Entwicklungen hatte ich mit Gewinn studiert. Daß in seinen „Psychotherapeutischen Studien" auch das Zerrbild eines „erfolgreich" Analysierten zu finden war, überlas ich einstweilen und versuchte mit dem Angelesenen auszukommen, als Schulte mich bereits nach vier Monaten – entgegen dem üblichen Procedere der Assistenzzeit – auf einer der Neurosenstationen einsetzte. Um diese machten die allermeisten Kollegen, deren Gros noch aus Kretschmers Zeiten stammte, einen scheuen Bogen. Es wirkte noch das Verbot nach, mit dem unter Kretschmer jegliche psychoanalytische Selbsterfahrung belegt worden war, und so besaß niemand die erforderliche psychoanalytische Ausbildung.

Als mir dann gleich zu Beginn der Arbeit auf der Neurosenstation ein 17jähriger mit einer weit fortgeschrittenen Anorexie (Magersucht) unter der Therapie wegstarb, wurde mir bewußt, wie sehr der Klinik ein guter analytischer Supervisor fehlte. Schulte holte einen solchen erst 1964 an seine Klinik – eine mutige Tat, denn bis dahin hatte es eine solche Kooperation von Psychiatrie und Psychoanalyse nicht gegeben – und riskierte damit eine Polarisierung, die – zumindest was meine Person anging – denn auch rasch in Gang kam. Ich lag auf der Couch des einen, überhörte aber auch nicht den Stoßseufzer des andern, sein „Muß doch nicht immer alles so über die Maßen tief sein".

Nach sechs Jahren beendete ich den Konflikt, indem ich das Angebot einer Hochschullaufbahn kühn verwarf und mich auf eine Stelle in Berlin bewarb, wo sich die „Landesnervenklinik Berlin" noch im Aufbau befand. Ich sah mich nun mit einem Schlage mit Erfahrungen konfrontiert, die weit über die bis dahin praktizierte Hochschulpsychiatrie hinausführten.

Hier traf ich nun Tag für Tag und Nacht für Nacht auf den akut verwirrten alten Menschen, der oft schon die Weiterverlegung innerhalb der Klinik nicht mehr verkraftete; die erregte junge Psychotikerin, die während der Visite alles, was sich auf dem Klinikgang befand, zerschlug und weder Möbel noch Topfpflanzen schonte. Woher, so fragte ich mich bald, kommen alle diese Patienten, welches häusliche Interieur nimmt sie nach der Entlassung wieder auf? Als um diese Zeit an die Klinikärzte der Appell erging, in den ärztlich schlecht besetzten Nervenberatungstellen der Stadt auszuhelfen, lag sofort Aufbruchstimmung in der Luft. Kreuzberg mit seinen vielen Häuserlücken und blind auf die Mauer zulaufenden Straßenzügen wurde mein zweites Tätigkeitsfeld. Wenn ich das Spandauer Gelände mit seinem die Wipfel überragenden DDR-Wachturm hinter mir gelassen hatte, erreichte ich nach halbstündiger Autofahrt diesen anderen „Grenzbezirk", der mir mit seiner Nähe zur Mauer Westberlins lnseldasein immerfort ins Bewußtsein rief. Zur gleichen Zeit aber entwickelte sich zunehmend eine Vorstellung davon, daß ich mich hier in der Tat am Gegenpol einer Psychiatrie bewegte, der ich einst so entschlossen den Rücken gekehrt hatte.

Nach zwei Jahren „Nebentätigkeit" – so der Titel eines Erfahrungsberichts, mit dem ich 1969 zu einer Geburtstagsmappe für Walter Schulte beitrug –, entschied ich mich, die Klinik ganz hinter mir zu lassen und die Leitung der Nervenberatungsstelle Charlottenburg zu übernehmen, mit der mir vertrauten Spandauer Klinik als Rückendeckung. Von den 12 Westberliner Bezirken arbeiteten sechs ihr und die übrigen sechs – darunter Kreuzberg – einer anderen Großklinik zu. Daß mir dieser Entschluß von etlichen Kollegen verübelt wurde – Charlottenburg als der „reichere", vordergründig attraktivere, Kreuzberg als der ärmere Bezirk gesehen –, wirft nachträglich Licht auf die sich anbahnende antipsychiatrische Stimmung am Ende der Sechziger- und zu Beginn der Siebzigerjahre: Mein Versuch, Erfahrungen authentisch zu beschreiben, stieß durchaus nicht nur auf Wohlwollen, da ihm in den Augen mancher Kollegen – ich selbst näherte mich inzwischen schon den Vierzig – das utopische Element fehlte. Ich wollte die Psychiatrie nicht reformieren, lediglich beschreiben, was ich wahrnahm.

Als ich in Charlottenburg anfing, waren die Nervenberatungsstellen gemäß Senatsbeschluß soeben in Sozialpsychiatrische Dienste umbenannt worden. Ein in den Zwanzigerjahren in Berlin bereits vorhandenes Versorgungssystem psychisch Kranker kehrte damit als „Amsterdamer Modell" nach Berlin zurück. Die Berliner Bevölkerung machte einen intelligenten Gebrauch von dieser „neuen", auch personell erheblich aufgestockten Einrichtung, und so wurden dies gute und lehrreiche Jahre, die ich vorwiegend als pausenlose Übersetzungstätigkeit in Erinnerung habe: Übersetzung der Sprache des Psychotikers in die des Juristen, der des Juristen in die des Psychiaters.

Zunächst war es ein skurriler Nebenbefund, Nebenschauplatz, als ich auf die ersten „vermüllten" Wohnungen stieß. Davon hatte ich mir bis dahin nichts träumen lassen. Unvergeßlich die Wohnung eines jungen Mannes, Absolventen der Film- und Fernsehakademie, der mich kurz einen Blick auf die sich in seiner Wohnung ausbreitende Müllhalde tun ließ. Sah er in diesem Augenblick mit meinen Augen, lieh er sich von mir für einen kurzen Augenblick meinen Beobachterblick aus?

In der Tat hatte ich damals oft das Gefühl, „nur Auge" zu sein und die wahrgenommenen Dinge nicht ausreichend in Sprache wiedergeben zu können. Auch halfen alle Bemühungen in dieser Richtung nichts; der in der Klinik tätige Kollege konnte deswegen nicht besser „sehen", haftete an seiner Vorstellung von einem Patiententyp, der seine Störung überallhin mit sich brachte: Die Bewohner vermüllter, verwahrloster Wohnungen waren aber außerhalb ihrer vier Wände psychiatrisch unauffällig. Eine ganz neue Sehweise war erforderlich; die vermüllte Wohnung bildete mit dem Bewohner eine untrennbare Einheit wie ein Schneckenhaus mit der Schnecke, die es bewohnt. Daß diese Patienten im Fall einer Eskalation – der von der Behörde verfügten zwangsweisen Öffnung ihrer Wohnung – ausnahmslos in der Klinik landeten, war vielleicht ein Mißverständnis, das zunächst noch nichts über die Zugehörigkeit, die „Klassifikation" dieser Patienten aussagte. Offensichtlich war nur, daß sie ihre Wohnung unbewohnbar machten, indem sie nicht „genug ausschieden". „Sie scheiden nicht genug aus" hatte die Deutung einer namhaften deutschen Analytikerin gelautet, bei der ich mich um eine Analyse bemüht hatte, ehe ein „hauseigener" Analytiker an die Tübinger Klinik kam. Diese Probedeutung hatte sich jedoch auf die Unmenge schlechter Gefühle und mitgeschleppter schlechter Erinnerungen bezogen, von denen im „Interview" die Rede war.

Später erlebte ich dann oft Patienten in der Analyse, die in der Tat Stunde um Stunde mit dem „Müll" füllten, der sich in ihrem Leben angehäuft hatte, und die darüber fast versäumten, zur eigentlichen Analyse vorzustoßen. Machten vielleicht die „Vermüllungspatienten" von einem ähnlichen Mechanismus Gebrauch? Verschoben sie ihren inneren, seelischen Müll auf wirklichen, gegenständlichen Müll? War nicht oft in Psychiatrie und Psychoanalyse der Unterschied von endo- und exoplastischer Verarbeitung angesprochen worden? Falls dies jedoch ein Abwehrmechanismus war, so half er dem Betroffenen nicht, denn die Kollision mit der Umwelt und die Zwangsräumung der vermüllten Wohnung waren nur eine Frage der Zeit. Und unbestreitbar war auf alle Fälle, daß ein voll ausgebildetes „Vermüllungssyndrom" allen zivilisatorischen Vorstellungen widersprach.

Da waren zwar die Beispiele steriler, trockener Vermüllung, die noch als private Schrulle hingehen mochten; da waren aber auch die klitschig anmutenden leeren Wohnhöhlen, der defiziente Umgang mit Exkrementalem, der mit Entschiedenheit auf sehr tiefe Schichten der Regression verwies. Die von der Vermüllung Betroffenen verfaßten keine antizivilisatorischen Pamphlete, aber ihre Wohnungen waren ein einziger stummer Protest gegen die Anforderungen der Zivilisation, aus der sie herausfielen. Die längst zum zivilisatorischen Grundkonsens gewordene Forderung, die eigene Exkrementalsphäre der Wahrnehmung der Umwelt zu entziehen, funktionierte bei vielen dieser Patienten nicht mehr. Es war, als wären sie dem Doppelsinn des Wortes „Absonderung" zum Opfer gefallen, wie er in Thomas Manns Moses-Novelle „Das Gesetz" anklingt: „Du sollst außen vor dem Lager einen Ort haben, wohin du zur Not hinauswanderst, hast du mich verstanden? (...) Denn die Heiligkeit fängt mit der Sauberkeit an, und ist diese Reinheit im Groben aller Reinheit gröblicher Anbeginn".[1]

Daß das „Heilige" etwas mit dieser Art von „Absonderung" und Ausscheidung zu tun haben könnte, ist auf den ersten Blick ein überraschender Gedanke; hatte man aber wie ich die eine oder andere vermüllte Wohnung betreten, in der man sich nicht ohne Würgereiz aufhalten konnte, so hat man das sichere Wissen mitgenommen, daß dies nicht einmal eine Höhle, nicht einmal ein Unterschlupf war: Es hält und schützt eine solche Bleibe ihren Bewohner ja nicht, sondern stößt ihn irgendwann aus.

Will der vom Vermüllungssyndrom Betroffene – natürlich ohne diesen Sachverhalt zu ahnen – solches „Ausgestoßensein" vor der Umwelt symbolisch darstellen, es gegenständlich abbilden und in Szene setzen? Gegen diese Deutung spricht allerdings die Monotonie dieser Wohnungen und die Schwierigkeit, einen adäquaten Begriff dafür zu finden, der aber andererseits auch wieder benötigt wird. „Sammelwut" trifft es nicht, denn in vielen Fällen wird gar nicht gesammelt, sondern nur nicht genügend aussortiert, und „Diogenes-Syndrom" läßt in der Vorstellung ein Bild von Bedürfnislosigkeit erstehen. Auch war die berühmte Tonne des Diogenes gewiß innen sauber und bewohnbar. In einem echten Fall von Vermüllung beziehungsweise Ausscheidungsstörung verliert aber die Wohnung

---

[1] Mann (1963), S. 672

gerade ihr Bergendes und Bewohnbares. Heimito von Doderer hat an einer Stelle seines Romanwerkes von jemandem gesagt, er sei mit sich selbst zu intim geworden, was ganz gewiß auch auf die Vermüllungspatienten zutrifft: Es fehlt ihnen der Abstand, sich selbst mit den Augen der Außenwelt, des Kollektivs, der Zivilisation zu sehen. Es ist mit anderen Worten eine pathologische, „maligne" Regression, welcher der Vermüllungspatient unterliegt; und da er diesen Zustand aus eigener Kraft kaum selbst erkennen und mit Sicherheit nicht selbst rückgängig machen kann, sind die therapeutischen Möglichkeiten so außerordentlich begrenzt (ganz abgesehen von der Möglichkeit, „rechtzeitig" zu dem Patienten vorzustoßen und ihm zu helfen, solange ihm – nach menschlichem Ermessen – noch zu helfen wäre).

Zivilisation stößt bei diesen Menschen an eine Grenze. Und so vereinzelt und spektakulär sich in den Medien der einzelne Fall darstellen mag, so besteht doch kein Zweifel darüber, daß diese Einzelnen eine unfreiwillige Gruppe bilden, an deren Vorhandensein abgelesen werden kann, wie sehr „Zivilisation" immer wieder mühsam erkämpft, durchgesetzt und durchgehalten werden muß, und daß der Ausgang dieses Kampfes im Einzelfall ungewiß und mit der Möglichkeit des Scheiterns belastet ist. Ahnt die Öffentlichkeit etwas von dieser Dimension der Störung, wenn sie den spektakulären Einzelfall so ins Relief treibt? Ist es nicht in gewisser Weise aufschlußreich, daß Selbsthilfegruppen verharmlosend „Messie"-Gruppen genannt werden, obwohl sie doch die Mehrzahl der schweren Fälle nicht erfassen? Denn was diese schweren Fälle angeht, so glaube ich nicht, daß wir sie in naher Zukunft mit Therapieangeboten erreichen und daß wir ohne Zwangsmaßnahmen auskommen können.

Obwohl das Phänomen wie kaum ein anderes – übertroffen darin nur vom sexuellen Mißbrauch von Kindern – gebieterisch nach Abhilfe, Vorbeugung, gesellschaftlichen Maßnahmen verlangt, sind wir von einem Verhütungskonzept vorläufig noch weit entfernt. Sicherlich schwingt in meinen Ausführungen auch deshalb eine gewisse Skepsis mit, weil ich in den von mir überblickten vier Jahrzehnten Psychiatrie und Psychoanalyse soviel „Utopie", so viele leere Versprechungen miterlebt habe, wie gesellschaftlichen Mißständen zu Leibe gerückt werden könnte. Ich denke, daß wir uns auch auf diesem Gebiet vor leeren Versprechungen und Erlösungsverheißungen hüten sollten.

Es werden hier einige Arbeiten mitgeteilt, in denen ich – jeweils von einem anderen Punkt aus – einem Verständnis des Phänomens näherzukommen versuche, darunter der Vortrag, mit dem ich 1984 erstmals vor die Öffentlichkeit trat und eine Benennung vorschlug. Das geschah ausgerechnet an der Stelle, fast im gleichen Hörsaal, in dem ich einst so starken Anstoß an einer Psychiatrie genommen hatte, die mir menschenverachtend erschien. Aber als „menschenverachtend" sind einmal auch meine eigenen Bemühungen gekennzeichnet worden, wohl weil der Unglücksbote so leicht mit dem Unglück selber, der Psychiater mit der psychischen Störung identifiziert wird. Es ist in diesem Sinne gut, daß der Band zwei Verfasser hat: außer mir eine Psychiaterin und Psychotherapeutin, die sich – von meiner Vorarbeit ausgehend – dem Phänomen mit viel Umsicht und Systematik widmete. Neben meinen relativ kurzen Beiträgen kommt deshalb Renate Pastenaci mit ihrem wesentlich umfangreicheren Text zu Wort.

Wedel, Januar 2000

Peter Dettmering

Erste Begegnung mit dem Vermüllungssyndrom

von Peter Dettmering [*]

Es ist so viel vom Berlin-Problem die Rede; hier geht es um ein ganz spezielles Berlin-Problem. Die Nervenberatungsstellen in den verschiedenen Bezirken von Berlin sind nicht alle gleich gut besetzt; in manchen Bezirken mangelt es an Ärzten. Aus diesem Grunde wurde ein Appell an die Klinik gerichtet, Fachärzte zur Verfügung zu stellen, die sich in die Außenfürsorge teilen; eine ganz neue Erfahrung für den Klinikarzt.

Der Bezirk, in dem ich selbst tätig bin, ist einer der ältesten von Berlin. Vieles blieb hier erhalten; längs des Kanals ziehen sich die Häuser der Gründerjahre mit ihren einst prunkvollen Fassaden; die Straßenlaternen wirken wie in alten Filmen. Manchmal geben die Fronten den Blick auf die Türme wilhelminischer Kirchen frei; dann hat man ein Gefühl von Ferne und Horizont. Den Widerspruch zwischen falschem Prunk und traurigem Leben in den Hinterhöfen empfindet man heute wohl deutlicher als damals. In einem Vestibül fand ich ein gut erhaltenes Bild vom industriellen Aufbau des vormaligen Deutschland, Schiffe, Werften, Schornsteine, Arbeiter, dazwischen die Germania, von der alles ausgeht.

Die Menschen, die hier leben, müssen den Druck der Vergangenheit ertragen. Zwar hält er den Bezirk noch zusammen, so daß man ihn in den Straßen als eine Art von Wärme wahrnimmt; in den Hinterhöfen fasert dann doch alles auseinander. Zuweilen meint man, durch nicht mehr bewohnte, längst verlassene Häuser und Höfe zu gehen.

---

[*] Der Aufsatz erschien unter dem Titel „Eine Nebentätigkeit" in „Praxis der Psychotherapie", XV, 1970, S. 249-252

Die Patienten sind Süchtige, senil Verwirrte, chronisch Paranoide. Von den Süchtigen ist wenig zu sagen, sie verstehen sich in diesem Bezirk von selbst. Senil Verwirrte finden sich in allen Schattierungen. Alte Damen, die ihre Wohnung noch in Ordnung halten, zupfen an allem herum, noch während man mit ihnen spricht; am Tage halten sie sich zur Not zusammen, aber nachts kommen die Verfolger durch das Schlüsselloch, oder der verstorbene Mann macht sich mit der Freundin in der Wohnung breit. Die Ehebetten wurden während einer nächtlichen Verwirrtheit abgeschlagen; am nächsten Morgen waren die Nachbarn beim Wiederaufstellen behilflich. Aber die Nachbarn fürchten auch, daß mit dem Gas nicht mehr richtig umgegangen wird. Fragt man danach, wird einem sofort die Stelle in der Küche gezeigt, wo der Rauch, der Nebel, der lästige Geruch durchkommt; manchmal sei alles neblig vor den Augen. Die Stelle ist mit frischem Linoleum zugedeckt; fast möchte man glauben, was einem die Alten so eindringlich vor Augen führen.

In diesen Wohnungen ist die Zeit stehengeblieben; man scheut sich, eine so tiefe Verwurzelung mit der Umgebung durch Einweisung in eine Klinik zu stören. Fast alle diese Alten glauben, die Jungen wollen sie aus ihrer Wohnung vertreiben. Manche von ihnen schleppen Zeitungen und anderes Papier herbei und lagern es in ihrer Wohnung; der Inspektion des Amtes wissen sie sich lange zu entziehen, bis eines Tages ein Schlosser dabei ist und die Tür gewaltsam aufbricht. Hinter Bergen von Müll, die alles verdecken, vermutet man das Bett der Alten; so lange man nicht dahinter gesehen hat, könnte sie tot dort liegen. Aber der Ordnungshüter klettert auf einen der Berge und findet die Alte nicht; die Entrümpelung wird durchgeführt, und der Arzt, der seiner Patientin nicht ansichtig geworden ist, geht unverrichteter Dinge weiter.

Sein Weg führt ihn zu einer anderen Wohnung, wo es ebenfalls Stapel von Holz und Pappe geben soll; außerdem hält die Besitzerin Tiere. Eines ihrer Meerschweinchen ist von herunterfallenden Kisten gequetscht worden; die Nachbarn sagen, es sei kläglich verendet. Schon vor der Wohnungstür schlägt einem der Höhlengeruch dieser Quartiere, ein Geruch von Elend und Abfall, entgegen. Die alte Frau steht in ihrer Küche neben einem riesigen Berg von Papiermüll, der sie fast erdrückt; eine schwache Geste deutet an, daß sie ihn noch zu verarbeiten hofft. Im Zimmer dahinter sitzen die Meerschweinchen und fressen. Geruch und Bild verfolgen mich bis in den Hof hinaus, dazu die Frage, ob ich diese Frau einweisen muß? Gelegentlich steigt man mit einem Gefühl der Aussichtslosigkeit in Treppenhäusern herum, um jemanden zu finden, der einen Hund so lange in Pflege nimmt.

In anderen Fällen ist die Situation einfacher; der Arzt kommt nicht als unerbittliche Instanz, sondern als Helfer. Eine junge Frau öffnet die Tür, hat tagelang nicht gegessen und nur im Bett gelegen; kaum hat sie geöffnet, schwankt sie und stürzt fast zu Boden. Nach dem Schwächeanfall liegt sie im Sessel, mit starren Augen; wie um mich zu versichern, daß der Kontakt nach draußen nicht abreißt, öffne ich die Wohnungstür ein wenig. Die Frau ist kollabiert, aber anderes, Unheimliches mischt sich ein; eine schizophrene Erkrankung ist aktenkundig. Diesmal ist es eine akute Depression; die Frau hat versucht, sich an der Wohnungstür zu erhängen, sie berichtet von Träumen, in denen sie aus dem Fenster gesprungen ist. Dieses Fenster liegt drei Treppen hoch und blickt in den Hof.

Das unheimliche Gefühl kehrt noch einmal wieder in einem anderen Fall: Ein ehemaliger Kunststudent ist drogenabhängig, arbeitet nicht mehr; die Mutter schreibt aus Westdeutschland verzweifelte Briefe. Das Hinterhaus dicht an der Trennmauer wirkt verlassen, die Wohnungstür läßt sich von mir öffnen, in der halbdunklen Wohnung regt sich nichts. Rechts in einem Verschlag liegt etwas Längliches unter Decken und Fellen, ohne daß man Kopf und Füße erkennt. Der Besucher verspürt plötzlich ein Grauen davor, die reglose Gestalt, die seinen Anruf nicht erwidert, aufzudecken oder anzufassen; ein Grauen, das er in seinem Beruf schon verlernt zu haben meint.

Er geht noch einmal in den Hof hinunter, um Auskunft einzuholen; ein Briefträger geht gerade vorbei und wirkt ernüchternd; plötzlich ist auch der Antrieb wieder da, noch einmal in die Wohnung hineinzusehen. Diesmal wickelt sich die Gestalt aus ihren Decken, ein junger Mann mit einem Fuchspelz um den Hals, der hier nicht zu

17

Hause ist, nur manchmal hier übernachtet. Aber er ist bereit, den Besucher in die dunkle Wohnung zu führen. Drinnen ist alles anders als erwartet; der Student ist über einer Zinkplatte beschäftigt, auf der eine Zwergziege mit vergrößert gesehenem Kopf den Besucher ruhig ansieht; es ist, als sei der Zeichner aus dem Zwang seiner Biographie vorübergehend entlassen.

Paranoide öffnen ihre Wohnung ungern, der Zugang ist meist verstellt oder Nadeln stecken im Klingelknopf, die Fremde fernhalten sollen. Diese Patienten laufen unruhig im Zimmer herum und suchen etwas zu beweisen; Nachbarn haben ihre Fensterscheiben mit Gift behaucht; ein Tuch mit dem Gift wird als Beweis gegen das Licht gehalten. Fragt man sie nach ihren Stimmen, blicken sie vielsagend gegen die Decke oder die Wand.

Auf der Suche nach Dingen, die dem Kranken einen Halt bedeuten, stößt man auf die Trittleiter in der Zimmerecke, auf der eine Katze auf und ab spazieren darf, oder das auf dem Tisch versammelte Porzellan der verstorbenen Ehefrau. Durch den breiten türartigen Rahmen, der das Zimmer in zwei Teile teilt, sieht man wie in den anderen Raum im Leben dieses Patienten hinüber. Er deutet an, die Ärzte hätten den Tod der Frau verschuldet; unvermittelt spricht er von den hundertvierundsechzig Spionen, vor denen er seine Wertsachen versteckt. Sein Nasenbluten neulich war eine Anspielung auf die Monatsblutung der Frau: es klingt, als wollten die Verfolger ihn in eine Frau verwandeln. An der Wohnungstür sind seltsame Apparate angebracht, deren Scheppern ihn nachts vor den Spionen warnen soll. Im Korridor liegt Sand; einmal ist es gelungen, ihren Fußabdruck festzuhalten, und ich soll ihn mir ansehen; die Versuchung, über diesem Fall andere zu vergessen, ist so groß, daß ich mich schließlich losreiße.

So gehe ich in Straßen, Treppenhäusern und Höfen herum und hoffe, alle Patienten anzutreffen. Manchmal denke ich an die Klinik, wo Neuaufnahmen zur Kenntnis genommen werden wollen. Was nehme ich aus dieser Tätigkeit mit mir fort? Zum erstenmal seit meiner Studentenzeit in Hamburg die volle Gewißheit, psychiatrische Patienten seien nicht nur die Akteure, als die sie der Professor seinerzeit – ein Mann von großem dramatischen Ausdruck – in seinem Kolleg agieren ließ. Hier habe ich es endlich mit dem anderen Teil zu tun, der damals hinter den Kulissen geblieben ist. Es ist diese Erfahrung, die ich soeben zu umreißen versuchte.

DAS „VERMÜLLUNGSSYNDROM" –

EIN BISHER UNBEKANNTES KRANKHEITSBILD

Von Peter Dettmering[*]

Das „Vermüllungssyndrom" – wie ich im folgenden mangels eines anderen Terminus sagen werde – ist dem klinischen Psychiater so gut wie unbekannt und wird in den führenden Lehrbüchern nirgends beschrieben. Dieses Syndrom bildet die gemeinsame Endstrecke verschiedener biographischer Entgleisungen und wird sowohl bei älteren wie bei jungen Menschen angetroffen, immer jedoch bei alleinstehenden Personen, die wenig Kontakte mit der Außenwelt haben. So wie es Wohnungen von psychisch Gestörten gibt, die den Besucher durch ihre pathologische Leere erschrecken, sind dies umgekehrt Wohnungen mit einem pathologischen Zuviel, wodurch sie unbewohnbar zu werden drohen oder es bereits geworden sind.

Man stößt auf sie als Mitarbeiter eines extramuralen Dienstes, wenn der Zustand der Wohnung behördliche Interventionen erfordert und im Fall einer Eskalation der Psychiater hinzugezogen wird; manchmal wird man ihrer auch unerwartet ansichtig. Charakteristisch für die Wohnungsinhaber ist, daß sie außerhalb ihrer vier Wände in der Regel unauffällig wirken, allenfalls (bei älteren Patienten) eine diskrete hirnorganische Symptomatik oder (bei jüngeren) einen diskret alternativen Einschlag erkennen lassen. Die (Zwangs-)Einweisung solcher Patienten wird daher in der Regel vom Klinikkollegen als empörend, als „schreiendes Unrecht" erlebt; wirft er dann jedoch selbst einen Blick auf die vermüllte Wohnung – ein solcher Fall hat sich hier bei uns in Hamburg ereignet –, ist er erschüttert und neigt jetzt dazu, dem Patienten „mindestens eine Schizophrenie" zu bescheinigen (wörtliches Zitat).

---

[*]   Der Aufsatz erschien erstmal in „Das öffentliche Gesundheitswesen", 47, 1985, S.17-19

Die folgenden Formen von Vermüllung lassen sich unterscheiden:

1. Wohnungen, deren Eigentümer wertlose Gegenstände sammelt und nach einem stereotypen Ordnungsschema über die gesamte Wohnung (eventuell auch über zwei Wohnungen oder über ein ganzes Grundstück) verteilt. Häufig gibt es in diesen „Wohnhöhlen" einen Gang oder ein Gangsystem, das (wie eine Mitarbeiterin es kürzlich formulierte) an den Bau eines Hamsters oder anderen Erdbewohners denken läßt. F. Labhardt hat von Wohnungen dieser Art als von einem System „geordneter Unordnung" gesprochen und die zugrundeliegende Störung in die Nähe der Zwangsneurose gerückt[2], woran ich jedoch aus noch zu erläuternden Gründen zweifeln möch-te. Illustrativ ist ein in seine Arbeit eingefügtes Foto, das zeigt, wie die zusammengetragenen Gegenstände – Zeitungen, Kartons, oft auch Pappbecher, Plastiktüten und anderer Wohlstandsmüll – die ursprüngliche Wohnungseinrichtung überlagern und zuletzt zudecken. Manchmal erinnert einen die „Sammelwut" solcher Bewohner an die Bereitschaft von Kindern, wertlosen oder doch wertneutralen Gegenständen wie z. B. im Kies gefundenen Flaschenscherben fantastische, an das Märchen erinnernde Bedeutung zuzuschreiben.

2. Wohnungen, die gar keine Ordnung mehr erkennen lassen und wahrscheinlich nie eine besaßen. Sie gleichen Müllhalden und vermitteln nicht selten den Eindruck, der Inhaber sei selbst an einen bestimmten Punkt der Vermüllung geflüchtet, durch den von ihm selbst aufgehäuften Müll in Panik versetzt worden. „Hinter Bergen von Müll, die alles verdecken, vermutet man das Bett der Patientin; solange man nicht dahinter gesehen hat, könnte sie tot dort liegen" heißt es in einer 15 Jahre alten eigenen Arbeit, und: „Die alte Frau steht in ihrer Küche neben einem riesigen Berg von Papiermüll, der sie fast erdrückt; eine schwache Geste deutet an, daß sie ihn noch zu verarbeiten hofft"[3].

---

[2]   Labhard, F. (1974), S. 92
[3]   s. „Erste Begegnung mit dem Vermüllungssyndrom", S. 16

Anlaß der psychiatrischen Intervention ist in diesen Fällen nicht selten, daß der Wohnungsinhaber im Freien oder im Treppenhaus nächtigt und dort z. B. auch seine Notdurft verrichtet. Verschafft man sich Zugang zur Wohnung, so sperrt die Haustür meist und der Müll fällt einem entgegen; der Inhaber scheint die Wohnung fluchtartig und gleichsam im letzten Augenblick verlassen zu haben, in dem Flucht noch möglich war. Bei näherer Inspektion erkennt man, daß die Grundausstattung der Wohnung, also Tisch und Bett, Herd und Waschgelegenheit, Badewanne und WC unter Müll verschwunden und schon seit längerer Zeit nicht mehr benutzt worden sind.

3. Wohnungen, die unbewohnbar geworden sind, weil ihre hygienischen Einrichtungen nicht mehr funktionieren. Umherliegende Exkremente, in Behältern gesammelter Urin, verdorbene Speisereste sind keine Seltenheit, und so kann man diese Wohnungen oft nur betreten, indem man als erstes auf ein Fenster zugeht und es öffnet (um so dem sich einstellenden Würgreiz entgegenzuwirken). Man hat den Eindruck, daß diesen Wohnungsinhabern die Fähigkeit abhanden gekommen ist, die Qualität des Ekelerregenden überhaupt noch zu empfinden und danach zu handeln.

Eine Steigerung dieses Fehlverhaltens beobachtete ich in drei Fällen, in denen der Leichnam eines nahestehenden Menschen über Tage und Wochen liegengelassen worden war, um so entweder den Verlust als solchen vor sich zu verleugnen oder (da die betreffenden Patienten kaum über Außenkontakte verfügten) sich die mit einem Sterbefall verbundenen Anstrengungen zu ersparen. Von diesen drei Patienten war nur einer im klinischen Sinne schizophren und konnte dementsprechend einer Behandlung zugeführt werden. Die Patientin hatte eine Wolldecke über den Leichnam gedeckt (es handelte sich um ihren plötzlich verstorbenen Ehemann) und einfach so weitergelebt, bis die Umwelt auf die Geruchsbelästigung aufmerksam wurde und das Gesundheitsamt einschaltete. In den beiden anderen Fällen handelte es sich um früh gestörte, autistisch anmutende Menschen, die in ähnlicher Weise mit dem Leichnam ihrer Mutter verfahren hatten.

Erich Fromm hat in „Anatomie der menschlichen Destruktivität" (1974) das Phänomen der *Nekrophilie* beschrieben und darunter die Vorliebe mancher Menschen für Totes, Abstoßendes, Ekelerregendes verstanden – was auch auf die zuletzt beschriebenen Fälle zuzutreffen scheint. Fromm hat das Phänomen als Ausdruck einer grundsätzlichen Objektfeindschaft gedeutet, obwohl die von mir erwähnten Erfahrungen eher den Eindruck einer Objekt*flucht* nahelegen. Das wird meines Erachtens besonders deutlich an der Unfähigkeit der drei mit dem Tod des Partners konfrontierten Patienten, mit diesem Ereignis in adäquater Weise umzugehen: statt (wie es sonst in der Trauerarbeit der Fall ist) die seelische Repräsentanz des Verstorbenen zu verinnerlichen und dem leblosen Körper die „letzten Ehren" zu erweisen, decken sie Lumpen darüber und entziehen ihn so dem Blick. Sie verhalten sich mit anderen Worten, als wäre der einschneidende Verlust nie eingetreten, was eine so starke Einschränkung der Realitätswahrnehmung beinhaltet, daß man diese Patienten vielleicht doch als Sondergruppe von den anderen Vermüllungspatienten abgrenzen muß; immerhin aber drängt sich die Vorstellung eines gleitenden Spektrums auf, an dessen Ende der defiziente Umgang mit dem Tod des Partners steht.

Gelegentlich stößt man auf fehlgelaufene Trauerarbeit übrigens auch in weniger massiver Form: Ich denke hier an einen alten Witwer, der den Schmuck der verstorbenen Ehefrau – inmitten einer vermüllten Wohnung – so in seine Rauchutensilien verschlungen hatte, daß sich der Eindruck eines Festhaltens an der verlorengegangenen Beziehung (einer sogenannten „symbiotischen" Beziehung) geradezu aufdrängte.

Erklärungsmodelle für derartige Entwicklungen stellt am ehesten die Psychoanalyse bereit. Offenkundig leiden die vom Vermüllungssyndrom befallenen Patienten ja an einer Unfähigkeit, wertvoll und wertlos, brauchbar und unbrauchbar zu trennen (in diesem Punkt unterscheiden sie sich prinzipiell vom Zwangsneurotiker, der diese Fähigkeit erworben hat, aber nun in einem vergeblichen Kampf gegen seine aggressiven Impulse steht, vor denen das „gute" innere Objekt geschützt werden muß). Wenn nach M. Klein die endgültige stabile Objektbeziehung eines Menschen in der Weise entsteht, daß das Kind gute und schlechte Gefühle auseinanderhalten und (in einem weiteren Schritt) zu synthetisieren lernt, so ist bei den Vermüllungspatienten dieses Stadium der Synthese offensichtlich verfehlt worden.

Für mich kristallisierten sich aus vielen derartigen Erfahrungen zwei Patientengruppen heraus, die sich hinsichtlich des Manifestationsalters unterscheiden: ältere Patienten jenseits der Fünfzig, die mit einem Partnerverlust nicht fertig werden, weil möglicherweise dieser Partner für sie die „Außenvertretung", also den Bezug zur Realität aufrechterhalten hatte – und junge Patienten zwischen Zwanzig und Dreißig, die sich zu früh verselbständigt haben, etwa aus Protest gegen ihr Elternhaus, und offensichtlich mit der Instandhaltung einer Wohnung überfordert sind. Man kann in beiden Fällen den sich in der Wohnung ausbreitenden Müll als gegenständliche Entsprechung zu der Trauer- oder Trennungsarbeit auffassen, die eigentlich geleistet werden müßte und die der Patient im Grunde auch von sich erwartet; nimmt man ihm nämlich die Arbeit des Aufräumens ab (etwa bei einer zwangsweisen Entrümpelung), gerät der Patient regelmäßig in Angst und Panik und reagiert, als sei unter dem Müll etwas Wertvolles und Kostbares verborgen, das ihm gewaltsam fortgenommen werden soll. Tatsächlich gibt es Fälle, in denen sich – vor allem bei alten Menschen – Wertvolles unter dem Müll verbirgt; in der weitaus größten Mehrzahl der Fälle ist es aber so, daß sich die Panik auf die nun gewaltsam zunichte gemachte Hoffnung bezieht, Gutes und Schlechtes – also letztlich auch die mit der Trauer- und Trennungsarbeit verbundenen guten und schlechten *Gefühle* – irgendwann noch „sortieren" zu können und so zumindest potentiell zu einer inneren Ordnung zu gelangen.

Aus solchen Überlegungen heraus habe ich zeitweise – während der Arbeit an einem Sozialpsychiatrischen Dienst Westberlins – die zwangsweise Entrümpelung einer vermüllten Wohnung in der Form zu beeinflussen versucht, daß der vom Gericht eingesetzte Pfleger (Wirkungskreis: „Entrümpelung") für das Wegschaffen des Mülls, ein dem Patienten zugeordneter Sozialarbeiter hingegen für die Interessenvertretung des Patienten zuständig war. Die Erfahrung zeigte im übrigen, daß die Pflegschaft[4] nach erfolgter Entrümpelung zweckmäßigerweise noch bestehen bleiben mußte, da der Patient die Tendenz hatte, die Wohnung innerhalb eines gewissen Zeitraums – etwa einem halben Jahr – wieder „voll laufen" zu lassen. Regelmäßige Besuche im Obdachheim des Bezirks brachten zutage, daß viele Obdachinsassen (und zweifellos auch viele sogenannte Stadtstreicher) früher einmal Wohnungsinhaber gewesen waren, die man wegen Vermüllung exmittiert hatte.

Nach meiner Erfahrung ist die Vermüllung einer Wohnung der klassische Fall einer partiellen Geschäftsunfähigkeit (ich sagte ja bereits, daß die Betroffenen in aller Regel klinisch so gut wie unauffällig wirken), was impliziert, daß die Einrichtung einer Pflegschaft mit dem Wirkungskreis „Entmüllung" häufig daran scheitert, daß sich der zuständige Richter an der (abstrakt aufgefaßten) Unauffälligkeit und also Geschäftsfähigkeit des Patienten orientiert. Was diese Frage angeht, so hat ein nachträglich berühmt gewordener Jurist – D. P. Schreber – Grundsätzliches dazu gesagt; in seinem scharfsinnigen Antrag auf Wiederbemündigung, den man heute im Anhang zu seinen „Denkwürdigkeiten eines Nervenkranken" nachlesen kann, führt er aus, daß die krankhaften Vorstellungen eines Menschen meist eine „Sonderexistenz" bilden, während „andere Lebensgebiete davon verhältnismäßig unberührt bleiben und ein seelisches Gestörtsein in keiner Weise erkennen lassen"[5]. Das trifft auf die Patienten mit Vermüllungssyndrom in exemplarischer Weise zu.

Insgesamt muß wohl auch gesagt werden, daß diese Patienten heute in Gefahr sind, zwischen den feindlichen Lagern von Psychiatrie

---

[4] Mit dem Inkrafttreten des Betreuungsgesetzes am 1.1.1992 wurden in der BRD die frühere „Entmündigung", „Vormundschaft" und „Gebrechlichkeitspflegschaft" durch „Betreuungpflegschaft" ersetzt; in Österreich wird der Begriff „Sachwalterschaft" verwendet.

[5] Schreber, P. D. (1973), S. 468

und Antipsychiatrie insofern zerrieben zu werden, als (wie schon eingangs erwähnt) der Klinikpsychiater ihre Gefährdung nicht erkennt und sehr rasch bereit ist, ihnen ihre Freiheit und Autonomie zu bescheinigen (womit er sie unter Umständen einer Obdachlosen- oder Stadtstreicherlaufbahn preisgibt, denn Kündigung und Zwangsräumung lassen meist nicht lange auf sich warten). Die heutige Psychiatrie ist hier in Gefahr, sich selbst – aus vermeintlicher Humanität – einen Streich zu spielen wie in dem von mir erlebten Fall eines in einer vermüllten Bodenkammer lebenden jungen Psychotikers, den der Klinikkollege gleich wieder beurlaubte, um „ihn nicht der Gefahr der Hospitalisierung auszusetzen". Unter Umständen ist ein solches Spiel mit vieldeutigen Begriffen – in diesem Fall die Bedeutungsspanne zwischen „Hospitalisierung" und „Hospitalismus" – für den Patienten gefährlich, vielleicht sogar tödlich: In diesem Fall tauchte der beurlaubte Patient unter und muß bis heute als verschollen gelten.

War die ältere Psychiatrie in starkem Maße auf Verwahrung der ihr anvertrauten Patienten eingestellt und insofern mit einem modernen Schlagwort „überprotektiv", so ist demgegenüber die neuere Psychiatrie selbst dort noch auf die Freiheit des Patienten bedacht, wo er von ihr nur einen gefährlichen oder gar keinen Gebrauch machen kann. Auf die Patienten mit Vermüllungssyndrom bezogen: Mit der Zuerkennung von Selbstverantwortlichkeit und Autonomie enthalten wir ihnen paradoxerweise ein lebenswürdiges Leben vor, stoßen sie früher oder später in einen asozialen Raum hinaus, in dem sie weder leben noch sterben können.

Literatur

Fromm, E. (1974): Anatomie der menschlichen Destruktivität, Deutsche Verlagsanstalt, Stuttgart

Klein, M. (1962): Das Seelenleben des Kleinkindes und andere Aufsätze, Klett, Stuttgart

27

Labhardt, F. (1974): Der allgemeine Umgang mit Zwangskranken in Klinik und Praxis. In: Zwangssyndrome und Zwangskrankheit, hrsg. von P. Hahn und H. Stolze in Verbindung mit P. Dettmering, J. F. Lehmanns, München

Schreber, D. P. (1973): Denkwürdigkeiten eines Nervenkranken, Ullstein, Frankfurt

DAS VERMÜLLUNGSSYNDROM –
THEORIE UND PRAXIS

von Renate Pastenaci

I VORBEMERKUNGEN

Die Suche nach Fällen von Vermüllungssyndrom gestaltet sich nicht allzu schwierig, da solche Patienten dem Behandler und den Mitarbeitern sozialer Dienste gut im Gedächtnis bleiben. Für meine Untersuchungen erfuhr ich aus verschiedenen Kliniken und ambulanten Einrichtungen von solchen Fällen. Hier wird von „Fällen" gesprochen, obwohl dieses Wort nicht ganz passend ist, da es sich um individuelle Menschenschicksale handelt.

Die Suche nach Sekundärliteratur zu der beschriebenen Problematik erwies sich zunächst als schwierig, bis ich auf eine englische Studie (Clark[6]) stieß, die sich mit dem gleichen Phänomen beschäftigt hatte. Unter dem Synonym „Diogenes-Syndrom" fand das Krankheitsbild sogar im „Wörterbuch der Psychiatrie und der medizinischen Psychologie"[7] einen Platz. In den letzten etwa 25 Jahren sind zu dieser Problematik nur wenige Veröffentlichungen aus verschiedenen Ländern erschienen. Vor allem beschränkte man sich immer wieder auf die Darstellung des später zu erläuternden Diogenes-Syndroms, das mehr Patienten der älteren Generation betrifft. Zum Thema Vermüllungssyndrom existieren nur weinige Aufsätze (Dettmering). Da bisher keine längeren Studien und auch keine Dissertationen vorliegen, wurde diese Arbeit mit der Absicht geschrieben, diese Lücke zu schließen.

---

[6] Clark / Manikar (1975), S. 366

[7] Peters (1984), S. 133. Auch im „Psychiatric Dictionary" wird unter dem Stichwort „hoarding" der Begriff „Diogenes syndrome" verwandt. Vgl. Campbell (1989), S. 325

Um eine kurze Vorstellung von dem zu bekommen, um was es sich handelt, möchte ich vorweg einen kurzen Zeitungsbericht aus der in Berlin erscheinenden Tageszeitung „Der Tagesspiegel"[8] vom 15.10.1986 zitieren:

> Madrid (dpa). Eine 70jährige Frau mußte sich jetzt von 12 000 Kilogramm Müll trennen, den sie in den letzten vier Jahren in ihrer 4-Zimmer-Mietwohnung in Granada angesammelt hatte. Die Feuerwehr räumte auf richterliche Anordnung Unmengen von Altpapier und Abfällen aus ihrer Wohnung. Die Frau hatte den Müll bis zur Decke gestapelt und nur schmale Gänge in den Zimmern freigelassen. Die Justiz griff jetzt erst ein, als am Wochenende ein kleiner Brand in der Behausung ausbrach und die Feuerwehr kaum Platz zum Löschen fand. Zusammen mit dem Müll entfernten die Feuerwehrleute auch zahlreiche Ratten und Mäuse aus der Wohnung.

Diese Schilderung könnte auch auf eine Wohnung in Deutschland zutreffen. Bei Patienten mit Vermüllungssyndrom stapelt sich der nicht weggeworfene Müll und viele andere Dinge, die es wert scheinen, nicht weggeworfen zu werden.

Die amerikanische Schriftstellerin Joyce Carol Oates[9] beschreibt in ihrem Roman „Unheilige Liebe" in einer kurzen Episode eine Begegnung der Hauptfigur des Romans (Birgit) mit einer Bekannten, einer Frau Mitte 40, die ein sehr einsames Leben führte, aber im Beruf erfolgreich war. Die Protagonistin beschreibt das Durcheinander in der Wohnung und vermutet, daß ihre Bekannte sich in einem nicht ganz normalen Geisteszustand befände. Unter anderem stapelten sich in der nie benutzten Badewanne mehrere eineinhalb Meter hohe Stapel von Joghurtbechern. Als sie ihrer Bekannten anbietet, ihr beim Saubermachen behilflich zu sein, reagiert diese

---

[8] Der Tagesspiegel (15.10.1986)
[9] Oates (1988), S. 263-264

äußerst gekränkt mit vehementen Beschimpfungen. Der Kontakt bricht daraufhin ab. Dieser literarische Fall beschreibt typische Eigenschaften von Patienten, die eine Vermüllungssymptomatik zeigen. Stets wird angebotene Hilfe vehement und manchmal sogar auf aggressive Weise abgelehnt.

In dieser Arbeit werden 30 Fälle von Vermüllungssyndrom anonymisiert vorgestellt und diskutiert. Auffällig waren in allen Fällen Ähnlichkeiten bei der Hortung. Es zeigten sich aber auch grundsätzliche Verschiedenheiten, so daß eine Typeneinteilung vorgenommen wurde. Die Diagnosen der Patienten umfassen fast das gesamte Spektrum psychiatrischer Erkrankungen. In meine Untersuchung fließen auch Erfahrungen ein, die ich aufgrund persönlicher Begegnungen sammeln konnte.

Immer wieder hörte ich von Vermüllungsfällen, bei denen es zu keiner psychiatrischen Intervention kam. Bis zu einem gewissen Grad der Vermüllung scheinen die Nachbarn und die nähere Umgebung diese Zustände zu tolerieren. Das Gesundheitsamt wird oft erst bei einer weiteren Verschlechterung der hygienischen Verhältnisse benachrichtigt. Die Behörden werden fast nur durch Auffälligkeiten wie z. B. Geruchsbelästigung oder Brand auf die Patienten aufmerksam, und nur in solchen Fällen wird auch ein Arzt benachrichtigt. Manchmal kommt die Vermüllung auch per Zufall ans Licht, wenn beispielsweise ein Handwerker oder Hausmeister wegen eines Rohrbruches Zugang zu der Wohnung erhält.

Der Mensch hinter diesen Müllbergen ist kaum zugänglich. Oft wird die Tür nicht geöffnet, und wenn ein Gespräch zustande kommt, wird der chaotische Zustand der Wohnung vom Patienten heruntergespielt. Viele glauben, in naher Zukunft in der Lage zu sein zu ordnen und aufzuräumen. Für andere befinden sich unter dem Müll wertvolle Gegenstände, die auf jeden Fall aufbewahrt gehören. Vielen gemeinsam ist die Ablehnung von Hilfe und die geringe Auskunftsbereitschaft über die eigenen Lebensumstände. Die Gesprächsverläufe in den Akten und die Anamnesen sind dürftig. Ein genaues Hinsehen würde das Verständnis für den Patienten erleichtern.

Ein Zugang zum inneren Erleben des Patienten kann nur über eine Beschäftigung mit seiner äußeren Situation hergestellt werden. Diese Patienten müssen in den meisten Fällen eine amtlich angeordnete Entrümpelung über sich ergehen lassen. Sie geraten in wilde Panik über den Verlust. Der Arzt und seine Mitarbeiter haben in solch einer Situation einen schweren Stand. Die Aufnahme einer eventuellen therapeutischen Beziehung kann durch solch einen Beschluß zerstört werden. Und doch sind diese amtlichen Räumungsbeschlüsse dort notwendig, wo die hygienischen Verhältnisse grob vernachlässigt wurden und Gefahrenquellen, wie z. B. Brandgefahr, überhand genommen haben.

Vielleicht würde die Akzeptanz der Tatsache, daß die Vermüllung als ein persönlicher Versuch, innere Zustände auszudrücken, anzusehen ist, den Helfern die Arbeit und den Umgang mit den Patienten erleichtern. Besonders bei unzumutbarer Geruchsbelästigung dürfte es allerdings schwerfallen, die Vermüllung als ein Symptom zu betrachten, das für den Patienten eine wichtige kompensatorische Funktion erfüllt.

Aus den untersuchten Fällen entwickelte ich eigene Thesen, die in Kapitel III dargestellt werden. Kapitel IV gibt eine Übersicht über die Literatur, die bis in die jüngste Gegenwart zu diesem Thema publiziert wurde. In Kapitel V erfolgt die systematische Fallauswertung, in Kapitel VI folgt die Literaturdiskussion. Die Ergebnisse meiner Studien werde ich in Kapitel VII diskutieren. Kapitel VIII wird exemplarisch Diagnosevorstellungen zu einigen Fällen beleuchten. Das Krankheitsbild des Zwangssyndroms, die Symptomatik des Sammeltriebs, der Sammelsucht und der Verwahrlosung stehen im Mittelpunkt von Kapitel IX. Das Schlußwort wird neben der Zusammenfassung meiner Ergebnisse und dem Ausblick auf zukünftige Forschungsprojekte auch den gesellschaftlichen Aspekt berücksichtigen, das Nachwort mit neueren Literaturhinweisen auch auf das derzeitige Medieninteresse hinweisen. Die Arbeit schließt mit dem Literaturverzeichnis ab. Im Anhang werden exemplarisch zwei Fallbeispiele dokumentiert.

II AUSWERTUNG DER FÄLLE – METHODIK

Während meines Medizinstudiums hatte ich im Rahmen verschiedener Famulaturen und im Praktischen Jahr bei der Tätigkeit bei Sozialpsychiatrischen-Diensten, in Kliniken und Ambulanzen die Gelegenheit, Krankengeschichten über das Vermüllungssyndrom zu studieren.

Um zu einer aussagekräftigen Fallauswertung zu kommen, schlüsselte ich die Krankengeschichten systematisch nach den allgemeinen und den speziellen Anamnesen, den erhobenen Befunden, der Diagnostik, den Angaben zur Vermüllung und den Angaben zur Verlaufsbeobachtung auf.

III ANNÄHERUNG AN EIN PHÄNOMEN – THESEN

Folgende Prämissen – hier thesenhaft dargestellt und mit Fallbeispielen veranschaulicht – liegen dieser Arbeit zugrunde:

1. These:

Vermüllung als Syndrom stellt eine Reaktion auf ein Trauma dar. Das Syndrom besteht in einer Veräußerlichung des inneren Zustandes nach der Traumatisierung. Aus diesem Grunde ist die Vermüllung nicht lediglich eine Form der Verwahrlosung, sondern sie stellt ein psychiatrisch relevantes Krankheitsbild dar (Syndrom).

Fallbeispiel:
Die Behörden wurden von der Polizei über den Fall einer jungen Frau informiert, die von Hausbewohnern angezeigt worden war, Diebstähle von Post und anderen Gegenständen begangen zu haben. Bei einem Besuch bot sich in der Wohnung ein Bild starker Vermüllung. Anamnestisch war zu erfahren, daß die Patientin seit zwei Jahren arbeitslos war und von Ersparnissen lebte. Aus Angst, wieder eine Arbeitsstelle in ihrem Beruf vermittelt zu bekommen, hatte sie sich nicht arbeitslos gemeldet. Zehn Jahre hatte die Frau bei der gleichen Firma im Akkord gearbeitet. In den letzten Arbeitstagen hatte sie sich den Anforderungen nicht mehr gewachsen gefühlt und ließ sich vom Hausarzt krankschreiben. Da sie die Krankmeldung verspätet abschickte, wurde ihr wegen unentschuldigtem Fehlen gekündigt. Die Patientin gab an, sie habe sich, nachdem sie entlassen worden war, nach Absprache mit ihrem Hausarzt in ihre 2-Zimmer-Wohnung zurückgezogen, um sich zu erholen und andere berufliche Perspektiven zu planen. Alle Überlegungen über berufliche Alternativen seien jedoch im Nichts zerronnen. Sie berichtete, daß sie immer wieder mit Lebensmitteln und sonstigen Waren beschenkt worden sei. Diese Gegenstände benötige sie eigentlich nicht, aber, um niemanden zu verletzen, habe sie sie in ihrer Wohnung aufbewahrt. Ein Antrag auf Sozialhilfe wurde nicht gestellt; eine Krankenversicherung bestand nicht. Nachdem in ihrer eigenen Wohnung Mäuse und Ratten aufgetaucht waren, hatte sie sich in die elterliche Wohnung zurückgezogen,

die sich im gleichen Haus befand. Später wurde eine Räumungsklage gegen ihre Wohnung erhoben.

Trotz zweier Klinikaufenthalte verschlechtert sich der Zustand der Patientin. Auslöser der Erkrankung war – wie aus den Angaben der Patientin zu schließen ist – die Arbeitslosigkeit, die die Frau in die Isolation trieb. Vorangegangen war ein Leistungsabfall, der die Patientin zu ihrem Hausarzt führte. Der innere Zusammenbruch nach erfolgter Kündigung wegen der verspäteten Abgabe der Krankmeldung konnte nicht aufgefangen werden. Die geschilderten Umstände lassen die Vermutung zu, daß die große Ansammlung der gefüllten Kartons und Tüten in der Wohnung von der Patientin als Kompensation ihrer ungeklärten Lebensumstände erlebt wird.

2. These:

Bei dem Vermüllungssyndrom kann zwischen verschiedenen Vermüllungstypen unterschieden werden:

a. intensive Sammeltätigkeit mit eigener Systematik.

Fallbeispiel:

Eine ältere Patientin stapelte in ihrer Wohnung leere Eierkartons, leere Kaffeegläser und winzig kleine Marmeladengläser. Im Zimmer türmten sich auf dem Tisch etwa einen Meter hoch ordentlich gestapelte Zeitungen. Die Schränke waren voll, und der Zugang zu den Schränken war durch mit Wäsche gefüllte Taschen verbaut. Auf dem Schrank stapelten sich mit Wäsche gefüllte Kartons. In jeder Ecke standen Taschen und Koffer. Neben der intensiven Sammeltätigkeit ist für diese Patienten auch das Aufbewahren sämtlicher Gegenstände, die das Leben begleiteten, charakteristisch.

b. Vermüllung ohne erkennbare Systematik.

Fallbeispiel:

Eine über 30 Jahre alte Patientin bewohnte mit zwei Kindern eine Wohnung, die gefüllt war mit Gegenständen und Unrat. Aus übereinander gestapelten großen Umzugskartons quollen schmutzige und saubere Kleidungsstücke, Zeitungen und Spielzeug. Der Fußboden war mit schmutzigen Papierwindeln, alten Brotresten, Zeitungen, Spielsachen und Schuhen bedeckt. Auch Koffer, Kleidung, Schuhe und Kindernahrung lagen teils auf

Möbeln, teils auf dem Fußboden. Das Bad konnte nicht mehr benutzt werden, weil sich auch hier Kartons und Zeitschriften türmten. In der Küche stapelten sich Bücher, Zeitschriften, schmutziges und sauberes Geschirr, Kleidung sowie Konservenbüchsen, in denen sich teilweise noch Nahrungsreste befanden. Der Flur war ebenfalls vollgestellt, so daß nur schwer durchzukommen war. Teilweise fehlten auch die Lichtquellen.

    c. Vermüllung der Wohnung bis zur Unbewohnbarkeit.

Fallbeispiel:
Die Wohnsituation der oben erwähnten Patientin verschlechterte sich in den kommenden Jahren zunehmend, so daß die Wohnung unbewohnbar wurde. Die Patientin bewahrte nun auch ihren Müll auf und sammelte außerdem an Sperrmülltagen auf die Straße gestellte Gegenstände. Nach fünf Jahren waren die Räume bis zu einer Höhe von 1,50 Meter mit Unrat gefüllt. Ein Zugang zu den einzelnen Räumen war unmöglich.
Diese Patientin zeigte im Verlauf ihrer Krankengeschichte alle Stufen der Vermüllung, angefangen von einer intensiven Sammelleidenschaft mit Systematik bis zur vollständigen Verwahrlosung.

3. These:
Das Vermüllungssyndrom kann bei älteren und jüngeren Menschen gleichermaßen angetroffen werden.

Von den in dieser Studie berücksichtigten 30 Patienten waren 18 weiblichen und 12 männlichen Geschlechts. Die Untersuchung der Altersverteilung ergab eine Anhäufung zwischen dem 30. und dem 50. Lebensjahr (17 Patienten) sowie zwischen dem 70. und dem 80. Lebensjahr (sechs Patienten). Zwischen 20 und 30 Jahre war ein Patient und zwischen 80 und 90 Jahre drei Patienten. Keiner der Patienten war bei der Untersuchung 60 bis 70 Jahre alt (s. Tabelle S. 51).
Berücksichtigt man die Fälle, in denen psychiatrische Vorerkrankungen bekannt waren, muß man das Alter der Patienten bei Beginn der Vermüllung entsprechend vorverlegen (s. S. 57). Von 20 Fällen wurden 19 in einer psychiatrischen Klinik behandelt, davon konnte

in 16 Fällen das Alter der Erstbehandlung eruiert werden. Die Altersverteilung lag bei diesen 16 Patienten zwischen dem 12. und dem 73. Lebensjahr. Eine Häufung ergab sich zwischen dem 20. und 30. Lebensjahr (fünf Patienten).

4. These:

Das Syndrombild kann die Diagnosestellung verändern bzw. erweitern. Es ist sehr wichtig, den reaktiven Anteil an der Entstehung dieses Syndroms auch hinsichtlich möglicher Therapiemaßnahmen näher herauszuarbeiten. Bezüglich der Neurotiker ist zu vermuten, daß kaum jemand sich einer Behandlung stellt. Daher ist eine hohe Dunkelziffer zu vermuten.

Fallbeispiel:
Die Patientin im Alter zwischen 50 und 60 Jahren war vor vier Jahren zum ersten Mal psychiatrisch behandelt worden. Depressive Zustände hatten sie damals zum Arzt geführt. Zu dieser Zeit war die Frau noch berufstätig gewesen. Es kam zu einer Frühberentung aufgrund der Diagnose endogene Depression. Im persönlichen Gespräch erlebte sie sich gleichbleibend schwach und antriebsgehemmt. Äußerlich fiel der deutlich reduzierte Ernährungszustand auf. Über ihre Ernährung, die nur aus Keksen, Schokolade, Pralinen und trockenem Knäckebrot zu bestehen schien, gab sie bereitwillig Auskunft. Die Frau gab an, bereits seit 20 Jahren zwischen gestapelten Kartons zu leben. Sie sei seit ihrem letzten Umzug nie zum Sortieren gekommen. Vor 24 Jahren hatte sie sich scheiden lassen. Ein Sohn blieb beim Vater. Der Beruf habe ihr den letzten Halt gegeben, sie hatte die Arbeit aber nur mit heimlich gemachten Überstunden bewältigen können.
In der Wohnung zeigte sich folgendes Bild: Alle Tische waren völlig vollgestellt. Bücher waren gebündelt, viele Kassetten und Kartons gestapelt. Weit über die Hälfte des Raumes war mit Möbeln und Kartons zugestellt, die mit Tüchern abgedeckt waren. Das Bett blieb als einzige freie Fläche, auf der die Frau auch ihre spärlichen Mahlzeiten einnahm. Die Patientin hatte die Scheidung und die Trennung von ihrem Sohn nicht überwinden können.

Das Aufbewahren der Vergangenheit in Form von Gegenständen aller Art, die den Lebensraum so einengen, daß keine Möglichkeit zu einem Neuanfang besteht, kann als äußere Kompensation eines Trennungserlebnisses verstanden werden. Der hartnäckige Widerstand, sich auch nur von wenigem zu trennen, findet seine Parallele im Lebenslauf der Patientin. Sie selbst hat aber immer noch die Hoffnung, daß sich doch etwas ändern könnte. So deutet sie mit dem Hinweis auf das Aufbewahren der längst zu groß gewordenen Kleidung an, daß sie vielleicht wieder zunehmen könnte.

Ohne fremde Hilfe wird es der Patientin nicht gelingen, ihre Situation aufzuarbeiten und eine geregelte Wohnsituation herzustellen. Eine solche Hilfe in Form einer Therapie sollte in diesem Fall, in dem in die Diagnosestellung der Zusatz „Vermüllungssyndrom mit Ordnungsprinzip" einfließt, von Anfang an diese spezielle Problematik mitberücksichtigen.

Der tägliche Anblick der großen Ansammlung kann an eine glücklichere Vergangenheit erinnern, die sich nicht zurückholen läßt, und ein Trost in der Gegenwart sein. Der Zustand der Wohnung könnte als eine Form unbewußten Widerstandes erlebt werden, die als Demonstration von Macht angesehen werden kann.

Bei der geschilderten Patientin kann davon ausgegangen werden, daß sie an einer reaktiven Depression erkrankte. Den Zustand ihrer Wohnung konnte sie jahrelang verbergen, wahrscheinlich auch ihre Trauer über die verlorengegangenen Beziehungen. Vielleicht wurde der Zustand der Wohnung auch von Bekannten und Verwandten als sonderbare Eigenschaft geduldet, zumal sich kein Gestank ausbreitete und sogar ein Ordnungsprinzip bestand.

Im Gespräch gab die Patientin ihren Wunsch nach einer Veränderung zu erkennen, betonte aber auch ihre geringe seelische Belastbarkeit. Bisher konnten ein Klinikaufenthalt und auch in Abständen ambulant stattfindende Gespräche nichts an ihrer häuslichen Situation verändern. Da die Patientin auch Suizidgedanken äußerte, signalisierte sie, daß ein behutsames Vorgehen angebracht sei.

IV BISHERIGE FORSCHUNG ZUM VERMÜLLUNGSSYNDROM – LITERATURÜBERSICHT

Im folgenden wird eine Übersicht über den Stand der Forschung zu dem Thema „Vermüllungssyndrom" gegeben.

Duncan Macmillan und **Patricia Shaw**[10] veröffentlichten 1966 im *British Medical Journal* eine Arbeit über „Senile Breakdown in Standards of Personal and Environmental Cleanliness". Die Autoren plädieren darin für ein eigenständiges Syndrom. Sie untersuchten Personen nach 15 Merkmalen, von denen sich zehn auf die häusliche Umgebung und fünf auf das äußere Erscheinungsbild und die Reinlichkeit der Person bezogen. Nach ihren Untersuchungen trat das Zustandsbild der Vermüllung bis auf eine Ausnahme nur im senilen Alter auf. Das Ergebnis dieser Studie war, daß Verwahrlosungserscheinungen keine Beziehung zu Psychosen oder psychoorganischem Abbau haben müssen.

In der Studie wurden von 72 Patienten 34 dem nicht psychotischen Bereich zugeordnet. Als typische Charaktereigenschafte zeigte sich immer wieder ein aggressives, unfreundliches, widerspenstiges und starrsinniges Verhalten. Ein hoher Anteil der Patienten aus der psychosefreien Gruppe zeigte Zeichen von Alkoholismus. Die Autoren stellten in diesem Zusammenhang die Frage, ob der Alkoholabusus der Verwahrlosung der persönlichen und häuslichen Verhältnisse vorangehe oder ob er als sekundärer Faktor anzusehen sei. Eine weitere Möglichkeit sei, daß der Alkoholismus und der persönliche Zusammenbruch eine gemeinsame Ursache hätten.

Nach Ansicht der Autoren sollten die Helfer ihre Aufmerksamkeit verstärkt auf lebensgeschichtliche Ereignisse, die einen jähen seelischen Zusammenbruch hervorrufen, wie z. B. plötzliche Todesfälle, plötzliche physische Erkrankungen oder Traumata, lenken. Es wird darauf hingewiesen, daß kaum eine öffentliche Institution derartige Verläufe bei einem Menschen registriere. Diejenigen, denen Hilfe angeboten wurde, lehnten sie meistens ab oder, wenn sie die Hilfe

---

[10] Macmillan/Shaw (1966), S. 1032-1057

akzeptierten, so gaben sie nicht ihr Einverständnis, unbrauchbare Gegenstände wegzuwerfen.

Die Autoren sind der Meinung, daß ein bestimmter Menschentyp die Anlage einer Entwicklung in die beschriebene Richtung in sich trage. Dies seien alte Menschen mit einem nach Unabhängigkeit strebenden und herrischen Wesen, die kaum Kontakt zu ihrem sozialen Umfeld hätten.

Außerdem machen die Autoren darauf aufmerksam, daß bei Allgemeinmedizinern und Psychiatern die Tendenz bestünde, bei diesen Patienten eine senile Demenz zu diagnostizieren und den Zusammenbruch der häuslichen Situation in diesem Kontext zu sehen.

Felix Labhardt[11] schrieb 1973 einen Aufsatz über den allgemeinen Umgang mit Zwangskranken in Praxen und Kliniken. Die Grundstimmung dieser Patienten beschrieb er als traurig-depressiv, alles werde unter einem negativen Vorzeichen gesehen. Mitmenschen und Umwelt gegenüber verhielten sich diese Patienten mißtrauisch. Das zwanghafte Verhalten bliebe dem Arzt oft verschlossen, besonders, wenn es sich noch nicht manifestiert habe. Häufig versteckten sich hinter Zwangssymptomen körperliche Symptome wie z. B. Kreislauf-, Magen-, Darm-, Atmungs- und rheumatische Symptome. Der Verfasser weist auch auf Zwangsphänomene bei psychogenen und endogenen Depressionen und psychotisch-schizophrenen Patienten hin. Zwangsgestörte Menschen haben Störungen in der Hingabefähigkeit. Affektive Starre und Beziehungslosigkeit im zwischenmenschlichen Kontakt kennzeichnen viele Zwangskranke. Bestenfalls leben sie in einem festen Ordnungsschema.

Labhardt stellt u. a. einen Patienten mittleren Alters, verheiratet, zwei Kinder vor, der seit Jahren eine Unmenge verschiedenster Gegenstände sammelte, die er noch zu verwenden gedachte. Aufräumversuche der Familienmitglieder wurden mit Drohungen zurückgewiesen. Erst nach einer klinischen Behandlung und einer behördlichen Verfügung ließ der Patient die Räumung widerwillig durchführen.

---

[11] Labhardt (1973), S. 25-37

Labhardt spricht vom Zerfall der Schutz- und Ordnungsfunktion des Zwangs gegenüber der schon primär innerlich diffusen Persönlichkeit. Die zwangsbedingte Verwahrlosung sei durch eine „geordnete Unordnung" charakterisiert. Das Zwangssystem sei dekompensiert. Insgesamt empfiehlt der Verfasser bei der Diagnostik der emotionalen Störungen, alle Faktoren, welche die Persönlichkeit bestimmen, zu berücksichtigen. Hierzu gehörten außer den psychischen Symptomen (Angst, Depression, Zwang), die somatischen Symptome (psychosomatisch-vegetative Symptome) und auch Faktoren wie Anlage, Entwicklung und Umwelteinflüsse. Labhardt weist sowohl auf verschiedene therapeutische Behandlungsmöglichkeiten als auch auf die sorgfältig ausgerichtete Psychopharmakatherapie hin. Der Behandlungserfolg hänge weitgehend vom Arzt-Patienten-Verhältnis ab. Auch seien gesellschaftliche Normen zu berücksichtigen. In den letzten Jahren habe sich in dieser Hinsicht vieles geändert. So beinhalte die „deutsche Gründlichkeit"durchaus zwanghafte Züge. Man sei heute bemüht, alte Zwänge zu lockern, lasse gleichzeitig aber wieder neue Zwänge entstehen. Dazu gehöre auch der Leistungsperfektionismus.

„Das damit verbundene Prinzip, alles erreichen, herstellen und regeln zu wollen, deutet auf die für Zwangsverhalten typische mangelnde Hingabefähigkeit gegenüber natürlichen und naturgebundenen Vorgängen hin. Entsprechende Dekompensationserscheinungen, wie sie für Einzelfälle beschrieben wurden, sind dementsprechend auch in unserer Gesellschaft nicht ausgeblieben. So ist die bedrohliche Umweltverschmutzung als Dekompensations- und Verwahrlosungssymptom einer zu perfektionistischen Leistungsfehlhaltung zu deuten."[12]

Auch die Verdrängung des Todes aus unserem Leben mobilisiere schwerste Ängste und abwehrende Zwänge.

---

[12] Labhardt (1973), S. 36

Die Autoren **A. N. G. Clark, G. D. Manikar** und **Ian Gray**[13] vom Department of Geriatric Medicine in Brighton, England, verfaßten 1975 eine Studie über das Diogenes-Syndrom, das dem Vermüllungssyndrom in seinem Erscheinungsbild sehr ähnlich ist. Patienten im Alter von 66 bis 92 Jahren, die wegen einer akuten Erkrankung ins Krankenhaus kamen und extrem vernachlässigt aussahen, wurden genauer untersucht und auch der soziale und umweltbedingte Hintergrund mitberücksichtigt. Auch wurden Intelligenztests durchgeführt. Danach lag der Intelligenzquotient der untersuchten Patienten im Vergleich zur Allgemeinbevölkerung im gleichen Alter durchschnittlich im oberen Viertel. Bezüglich der Persönlichkeitsstruktur fiel auf, daß sich die untersuchten Patienten von anderen isolierten, mißtrauisch waren und aggressive Verhaltensweisen an den Tag legten. 50 % der untersuchten Patienten zeigten keine psychiatrischen Krankheitsbilder. Fast alle Patienten lebten alleine und bezogen eine Altersrente. Es bestanden keine finanziellen Nöte. Auffallend war, daß die Patienten früher einen höheren sozialen Lebensstandard hatten.

Bei der Untersuchung der häuslichen Verhältnisse fiel die extreme Verschmutzung und Vernachlässigung auf. Die Patienten trugen meist Schichten von schmutziger Kleidung übereinander, lagen oft auf dem Bett zwischen Haufen von zerlumpten Laken, Kleidungsstücken oder Zeitungen. Nur zwei Patienten entschuldigten ihr persönliches Aussehen und den Zustand ihrer Wohnung. Im allgemeinen wurden keine Schamgefühle über die Verwahrlosung gezeigt. Mehrere Patienten horteten nutzlosen Abfall, Zeitungen, Büchsen, Flaschen und Lumpen; oft gebündelt und gestapelt. In 20 % der Fälle schränkte die Anhäufung der nutzlosen Gegenstände und des Mülls ernsthaft den Lebensraum ein.

Den Sozialstationen waren die Patienten meist jahrelang bekannt. Hilfe, die von dort angeboten wurde, war oft abgelehnt worden. Bei der ärztlichen Untersuchung wurden verschiedene internistische Diagnosen gestellt, wobei besonders Mangelerscheinungen zutage

---

[13] Clark / Manikar (1975), S. 366-368

traten (Eisen, Folsäure, Vitamin B_{12}, Vitamin C, Kalzium, Vitamin D, Serumprotein-, Albumin, Wasser- und Kaliummangel).

Clark und seine Mitarbeiter gelangten zu der Überzeugung, daß es sich bei einem derartigen Erscheinungsbild um ein eigenes Syndrom handeln müsse. Sie diskutierten verschiedene mögliche Ursachen. Die Vermüllung könnte als Deformation der instinktiven Fähigkeit, Gegenstände zu sammeln, gesehen werden. So könne bei einigen Patienten eine zwanghafte Angewohnheit, Dinge zu horten, die ihnen als noch brauchbar erscheinen würden, beobachtet werden, während andere unter einer mangelnden Initiative litten, Dinge zu sortieren und Unbrauchbares wegzuwerfen. Der Sinn des Hortens unbrauchbarer Gegenstände sei nicht unmittelbar zu erkennen, die Anhäufung könnte aber in diesem Falle den Betroffenen ein Gefühl von Sicherheit vermitteln. Möglicherweise spiele die Einstellung, den persönlichen und häuslichen Verhältnissen einen niedrigen Stellenwert einzuräumen, eine Rolle. Ein anderer Grund könnte in einem desorganisierten Lebensstil bestehen, der sich im Verlauf des Altersprozesses und mit zunehmender Gebrechlichkeit verstärke. Manchmal entwickelten vormals stabile ältere Menschen mit prädisponierenden Persönlichkeitsmerkmalen aufgrund sozialer und ökonomischer Faktoren sowie einem sich verschlechternden Gesundheitszustand einen neurotischen Zusammenbruch, ohne daß eine vorangegangene Krankheitsgeschichte besteht. Im hohen Alter produziere sozialer, psychischer und wirtschaftlicher Streß geistige Erkrankungen und rufe Abwehrmechanismen wie Rückzug und Bedürftigkeitsverweigerung hervor. Erzwungene Isolation, die durch den Verlust von Angehörigen oder mit einer Berentung verbunden ist, könnte eine reaktive Ablehnung des in der Umgebung üblichen Lebensstandards und sozialer Kontakte zur Folge haben.

Die Autoren betonen, daß der Versuch, die Auswirkungen der Vermüllung mit Hilfe einer Haushaltshilfe zu beseitigen, oft scheitere, da eine solche Hilfe in den meisten Fällen nicht akzeptiert werde oder selbst die Arbeit in einer vermüllten Wohnung ablehne. Die Autoren sind der Meinung, daß die Behörden kein Recht hätten, ein Haus ohne Einwilligung zu betreten, nachdem eine angebotene Hilfe abgelehnt wurde. Eine Pflege sollte nur mit Einwilligung der Betroffenen durchgeführt werden.

In der *Lancet*-Ausgabe vom 15. März 1975 gab es einige Leserzuschriften zum Aufsatz über das Diogenes-Syndrom.
N. Berlyne[14] schreibt, daß dieses Syndrom nicht nur auf die älteren Menschen beschränkt sei. Ihm seien ähnliche Phänomene bei wesentlich jüngeren Personen, die psychiatrische Merkmale aufwiesen, bekannt. Er bedauerte, daß Clark und seine Kollegen keine psychiatrische Auswertung der Krankengeschichten ihrer Patienten in die Untersuchung einbezogen hatten.

J. Twomey[15] vertrat ebenso wie Clark die Ansicht, daß das unbedingte Festhalten an konventionellen Maßstäben von Sauberkeit und Verhalten niemals einen zwangsweise durchgesetzten Auszug einer Person aus ihrer Wohnung rechtfertige. Er vermißte aber in dem Artikel den Hinweis auf Brandgefahr. Die Kombination einer gebrechlichen, allein auf sich gestellten alten Person und Massen von gehortetem Abfall erhöhe häufig die Feuergefahr. Davon sei nicht nur die Person selbst, sondern auch die Nachbarn betroffen. Beim Versuch, mit diesen schwierigen alten Menschen zu verhandeln, habe er oft deren Verärgerung zu spüren bekommen.

Henderson-Smith[16] war der Meinung, daß die Tatsache, daß einige unabhängig gesinnte alte Menschen dem gesellschaftlichen Zwang zur Anpassung widerständen, diejenigen zufriedenstellen sollte, die sonst für die Freiheit des menschlichen Geistes einträten. Er fragte sich, ob es sich nicht um die Manifestation eines Todeswunsches wie in Fällen von Hypothermie handele. Ein Eingreifen sei gerechtfertigt, wenn sich der Zustand zu einem Ärgernis für andere entwickle. Auf der anderen Seite bliebe zu diskutieren, ob unsere Vorstellungen eines angemessenen Verhalten richtig seien. Zu häufig

---

[14] Berlyne (1975), S. 515
[15] Twomey (1975), S. 515
[16] Henderson-Smith (1975), S. 515

werde in solchen Fällen Druck ausgeübt und die Aufhebung der Achtung vor der individuellen Selbstbestimmung mit dem Rekurs auf die Theorie der „Heiligkeit des Lebens" entschuldigt.

Whitehead[17] kommentierte in der *Lancet*-Ausgabe vom 15. März 1975 auch Berlynes Leserbrief vom 1. März. Er unterstrich die fehlende psychiatrische Auswertung der Studie über das Diogenes-Syndrom und stimmte auch mit Berlyne überein, daß das Zustandsbild nicht auf ältere Personen beschränkt sei. Er kenne durchaus junge und relativ junge Menschen, die verwahrlost lebten, ohne psychiatrisch krank zu sein. Diese Menschen verfügten über eine hohe Intelligenz, hätten verantwortungsvolle Berufe und seien gesellschaftlich gut integriert. Sie suchten keinen Psychiater oder Sozialarbeiter auf, weil es ihrer Meinung nach dafür keine Gründe gebe. Whitehead äußerte Bedenken zu dem Ergebnis bei den Personen, die keine psychiatrischen Merkmale aufwiesen. Er vermutete, daß diese Menschen schon immer einen gewissen Grad von Verwahrlosung aufgewiesen und sie nur deshalb ärztliche Aufmerksamkeit erregt hätten, weil sich mit zunehmendem Alter ihr Gesamtzustand einschließlich der häuslichen Verhältnisse verschlimmert habe und sie aufhörten, sich adäquat zu verhalten.

Eine spanische Studie von **Calvo Melendro**[18] fragte 1976, ob hinter der soziokulturellen Verweigerung nicht eine besondere Form von depressiver Reaktion auf Diskriminierung, erlittenes Unrecht oder lebensgeschichtliche Verlustsituationen stehe.

Im *Journal of the American Geriatrics Society* erschien im November 1982 ein Aufsatz von **Kalman Kafetz**[19] (London) mit dem Titel „Alcohol Excess and the Senile Squalor Syndrome", der sich auf das Diogenes-Syndrom bezog. Dem Autor war aufgefallen, daß in der Studie von Macmillan und Shaw (1966) bei 25 von 34 Patien-

---

[17] Whitehead (1975), S. 627-628
[18] Calvo Melendro (1976), S. 225
[19] Kafetz (1982), S. 706

ten, die nicht als dement oder psychotisch galten, starker Alkohol-konsum registriert wurde. In der Untersuchung von Clark sei jedoch der Alkoholkonsum der Patienten nicht erwähnt worden, obwohl die Patienten gerade in Berufen gearbeitet hätten, in denen Alkohol-konsum allgemein üblich sei (Journalismus, Künstler, Militär). Die Mehrzahl der Patienten in der Studie von Macmillan und Shaw wa-ren starke Alkoholkonsumenten. Diese beiden Autoren sowie Ka-fetz vermuteten deshalb, daß die Auswirkungen von Alkohol auf das Verhalten oft den sozialen Abstieg erklären dürfte. Zur Verdeut-lichung stellte Kafetz zwei eigene Fallbeispiele vor.

Jean Goodwin[20] von der Universität der Medizinischen Hochschule in New Mexico, USA, veröffentlichte 1983 eine Arbeit über allge-meine psychiatrische Erkrankungen bei älteren Menschen und ver-weist in dem Absatz über paranoide Symptome bei älteren Personen auf Clark (Diogenes Syndrom, S. 505). Nach Goodwins Meinung könnten paranoide Symptome bei älteren Menschen vielleicht bes-ser verstanden werden, wenn man eine bestimmte Zeit mit ihnen zusammenleben würde. So lasse sich vielleicht ein ehemaligen Uni-versitätsprofessor finden, der eigentlich immer unkonventionell ge-lebt habe und nun einen einfachen Lebensstil bevorzuge, genauso wie Diogenes sich entschied, in einer Tonne zu leben, und ältere Hindi sich für ein Wanderleben als Bettler entschieden. In diesem Zusammenhang wird auch Don Quichotte als Literaturbeispiel er-wähnt. Es wird allerdings eingeräumt, daß letztlich die psychiatri-sche Diagnose in vielen dieser Fälle schwer zu stellen sei. Wichti-ger als die Nuancen einer Diagnose sei die Notwendigkeit, in diesen Fällen schnell therapeutisch aktiv zu werden, denn ein Verlust der Wohnung kann für diese Patienten sehr unheilvoll sein. So brau-chen diese Patienten einen Arzt, der bereit ist, sich auch dafür ein-zusetzen, daß das Wohnumfeld erhalten bleibt. Auf jedem Fall sei immer eine genaue körperliche Untersuchung vorzunehmen. Eine vertraute psychotherapeutische Beziehung, finanzielle Hilfe, eine

---

[20] Goodwin (1983), S. 502-506

Haushaltshilfe und Aufklärung könnten den Patienten helfen, wieder ein Gefühl von Sicherheit zu erlangen.

Der Begriff des Vermüllungssyndroms als Krankheitsbild wurde 1985 in einem Aufsatz in der Zeitschrift „Öffentliches Gesundheitswesen" von **Peter Dettmering**[21] beschrieben. Er berichtete darin über seine Erfahrungen im Sozialpsychiatrischen Dienst in Berlin und Hamburg und beschrieb ausführlich das Krankheitsbild des „Vermüllungssyndroms". Dettmering unterschied drei verschiedene Formen von Vermüllung:

1. Wohnungen, die vom Bewohner mit wertlosen Gegenständen vollgestellt wurden, die nach einem stereotypen Ordnungsschema über die gesamte Wohnung verteilt waren.

2. Wohnungen, die gar keine Ordnung mehr erkennen ließen und wahrscheinlich nie eine besessen hatten. Sie glichen Müllhalden. Nicht selten übernachtete der Wohnungsinhaber im Freien oder im Treppenhaus und verrichtet auch dort seine Notdurft. Tisch, Bett, Herd und Waschgelegenheit waren unter dem Müll verschwunden.

3. Wohnungen, die unbewohnbar geworden waren, weil ihre hygienischen Einrichtungen nicht mehr funktionierten. Umherliegende Exkremente, in Behältern gesammelter Urin, verdorbene Speisereste waren keine Seltenheit.

Dettmering verwies auf die Psychoanalyse als Erklärungsmodell. Für ihn könnte dieses „Vermüllungssyndrom" Ausdruck von fehlgelaufener Trauerarbeit sein. Offenkundig war für ihn die Tatsache, daß die Patienten an einer Unfähigkeit leiden, Wertvolles und Wertloses, Brauchbares und Unbrauchbares zu trennen. Er sah ein Manifestationsalter jenseits des 50. und bei jüngeren Patienten zwischen dem 20. und 30. Lebensjahr. Solche jungen Patienten hätten sich zu früh verselbständigt und seien meist mit der Unterhaltung einer Wohnung überfordert gewesen. Er stellte fest, daß einige Patienten auf die Beseitigung des Mülls mit Angst und Panik reagierten,

[21] s. S. 21-28

so, als würde Wertvolles verlorengehen. Besuche im Obdachlosen-
heim erbrachten, daß viele Bewohner früher einmal ihre Wohnung
wegen Vermüllung verloren hatten und so auf der Straße landeten.
Peter Dettmering plädierte als Voraussetzung für eine Entmüllung
für eine partielle Geschäftsunfähigkeit, um die Patienten vor Kündigung und Zwangsräumung der Wohnung zu schützen.

J. Klosterkötter und **U. H. Peters**[22] (Universität Köln) beschäftig-
ten sich ebenfalls in einer Veröffentlichung im Jahre 1985 mit dem
Diogenes-Syndrom. Dieser Beitrag lieferte einen Überblick über die
bis 1985 zu diesem Syndrom erschienene Literatur. Es wurden die
Symptombilder sowie verschiedene Hypothesen über psychiatrische
Vorerkrankungen und deren Auswirkungen auf das Diogenes-Syndrom geschildert. So wurde früher bei einem Patienten, dessen Leben sich durch soziale Verweigerung und autistische Lebensweise
auszeichnete, eine Schizophrenia simplex diagnostiziert. Die Hilflosigkeit der Helfer wurde ebenfalls dargestellt: Häufig reagierten die
Helfer auf die Ablehnung sozialer und medizinischer Hilfe seitens
der Patienten dahingehend, daß sie sie als „unzugängliche Asoziale"
etikettierten und ihr Verhalten als Provokation interpretierten.
Die Merkmale des Diogenes-Syndroms faßte Klosterkötter folgendermaßen zusammen:

1. Vernachlässigung des persönlichen Lebensraumes und Auftreten
eines Sammeltriebes.
2. „Schamlose" Vernachlässigung des Körpers.
3. Sozialer Rückzug und Abwehr von als Hilfe gemeinter Interventionen.
4. Häufung beim weiblichen Geschlecht.
5. Überwiegend Manifestation jenseits des 60. Lebensjahres.
6. Vorhandensein primärer persönlicher Selbstisolationstendenzen.

Die Frage, ob man das Syndrom auf ein bestimmtes Lebensalter
eingrenzen könne, blieb nach der Einschätzung der Autoren weiterhin offen.

---

[22] Klosterkötter (1985), S. 427-434

Die Autoren stellten die Anwendung des philosophischen Freiheits-
begriffes von Diogenes auf das Syndrombild in Frage. Von „alternativen Lebensformen der Alten" mit kulturkritischer Motivation
könne nicht die Rede sein.
Klosterkötter und Peters stellten zwei eigene Fallbeispiele zur Überprüfung der Symptome des Diogenes-Syndroms vor. In beiden Fällen war in der Vergangenheit ein distanziertes Verhältnis zur Gesellschaft vorhanden. Im ersten Fall führt der Tod des Lebens-part-
ners zur Dekompensation, im zweiten Fall die erzwungene Aufgabe
des Berufes. Anhand dieser Fallbeispiele wurde diskutiert, ob sich
hinter dem Syndrom nicht nur eine abnorme Trauerreaktion verber-
ge, sondern auch eine massive Erschütterung des Lebensstils, bei
der offenbar der Kernbereich, d. h. die Primärpersönlichkeit, getrof-
fen werde, ausschlaggebend sei.

„In der Verweigerungshaltung wäre dann eine Reaktion auf
die situative Gefährdung persönlichkeitseigener Absonde-
rungstendenzen zu sehen, die den Rückzug aus der sozialen
Realität nun abnorm totalisiert."[23]

Das fortgeschrittene Alter führe auch zu einem fortschreitenden
Rückzug aus der Gesellschaft. Die Autoren schlugen neben Phar-
maka und Psychotherapie verhaltenstherapeutische Maßnahmen als
Lernprozeß zur Umstellung auf situationsadäquate Verhaltensmuster vor.

John Snowdon[24], Sydney, Australien untersuchte 1987 in 12 kom-
munalen Gesundheitszentren Personen auf häusliche Sauberkeit und
persönliche Faktoren. Das Durchschnittsalter der 83 untersuch-ten
Personen lag bei 71 Jahren. 50 Personen lebten allein, 33 mit anderen zusammen. Von diesen 83 Personen hatten 24 eine beträchtliche
Anzahl von Gegenständen gehortet. In 36 anderen Fällen waren die
gesammelten Gegenstände hoch aufgestapelt. Diese Form von
Vermüllung war das charakteristische Merkmal der meisten Fälle.

---

[23] Klosterkötter (1985), S. 434
[24] Snowdon (1987), S. 491-494

Snowdon führte seine Untersuchungen nach ähnlichen Beschreibungskriterien wie Macmillan/Shaw und Clark durch und kam auch zu ähnlichen Ergebnissen. Etwa 50% seiner Probanden wiesen keine psychiatrischen Erkrankungen auf, wobei Persönlichkeitsstörungen nicht untersucht wurden.

Der Autor stellte zur Debatte, ob dieser Lebensstil eine Antwort auf ein Ereignis oder eine Situation im bisherigen Leben sein könnte oder ob er Ausdruck einer Ablehnung gesellschaftlicher Normen sei. Weiterhin stellte er zur Diskussion, ob diese nicht dementen, nicht schizophrenen Personen ein bestimmtes Persönlichkeitsmerkmal besitzen und auf eine bestimmte Weise, auf Lebensumstände reagieren. Der Autor sieht in diesen Menschen Exzentriker. Exzentrisches Verhalten könnte das Ergebnis von verschiedenen Interaktionen zwischen der Persönlichkeit, der Erziehung und bestimmten Ereignissen sein. Manche Menschen hätten lebenslang ein mangelndes Interesse für Sauberkeit, wohingegen bei anderen Personen sich Unsauberkeit als neue Verhaltensweise herausbilde. Der Autor fand es allerdings ungeeignet, bei mangelndem Sauberkeitsverhalten von einem Teil eines Syndroms zu sprechen. Noch weniger solle die Diagnose "senil" in diesem Zusammenhang gestellt werden. Jedoch solle man das Auftreten von Unsauberkeit als Zeichen erkannt werden, das verursachende Umstände hat. Spezialisten hätten in Fällen von lebenslanger Exzentrizität wenig Hilfe anzubieten, auch könnten sie die Probleme, die ambulantes Pflegepersonal und Sozialarbeiter im Umgang mit diesen Personen haben, nicht vermindern. Dieses Personal würde es den Ärzten übelnehmen, daß sie keine Heilung oder Veränderung bei den Patienten erzielen könnten und daß sie sie nicht bewegen könnten oder wollten, in ein Heim umzuziehen.

V AUSWERTUNG DER UNTERSUCHTEN FÄLLE VON VERMÜLLUNGSSYNDROM

Die statistische Auswertung der Fälle erfolgt unter der Berücksichtigung der anamnestischen Angaben und Befunde.

1. Gruppierung nach Alter und Geschlecht

Alter	20-30	30-40	40-50	50-60	60-70	70-80	80-90
weiblich		3	6	2		5	2
männlich	1	4	4	1		1	1

Aus der Tabelle ergibt sich eine Häufigkeit von Frauen : Männer von 3 : 2. Von 30 Patienten sind 18 weiblichen und 12 männlichen Geschlechts.
Bei den Frauen ergeben sich zwei Gipfel in den Altersgruppen von 40 bis 50 Jahre und von 70 bis 80 Jahre.
Bei den Männern häuft sich die Altersverteilung zwischen dem 30. und dem 50. Lebensjahr.

2. Allgemeine Anamnese

Nicht jeder der aufgeführten Punkte konnten in allen Fällen eruiert werden. Die nun folgende Fallauswertung wurde nach den Kriterien:

- Familienanamnese und Sozialisation
- Neufamilie
- Bildungsweg (Schule, Ausbildung und Beruf)
- Arbeitsverhältnisse
- Einkommensverhältnisse
- Todesfälle und wichtige biographische Ereignisse
- Interessen

51

- Sexualität
- Pflegschaft

gegliedert. Jeder Abschnitt bietet eine Zusammenfassung der entsprechenden anamnestischen Fakten aller von mir untersuchten Fälle. Besondere Auffälligkeiten werden gesondert hervorgehoben.

2.1 Familienanamnese und Sozialisation

Lediglich in 20 der 30 Fälle konnten familienanamnestische Daten erhoben werden. Dabei fällt auf, daß von diesen 20 Patienten 11 nicht in einer Zwei-Eltern-Familie aufwuchsen. Acht dieser Patienten waren bei nur einem Elternteil bzw. Verwandten aufgewachsen, wobei ein Patient in der Kindheit ein Jahr im Heim verbracht hatte. Zwei Patienten verlebten den größten Teil ihrer Kindheit in Heimen. Einer dieser Patient kam später zu einer Pflegemutter. Ein Patient hatte Pflegeeltern.

2.2 Neufamilie

Von 30 Patienten hatten 17 einen Lebenspartner. Sechs Patienten waren geschieden bzw. ein Patient lebte in Scheidung. Eine Patientin beendete die Partnerschaft, und fünf der untersuchten Personen waren verwitwet. Eine Partnerschaft war durch den Tod des Lebensgefährten beendet worden.

Bei zwei der erwähnten Partnerschaften leben die Partner jeweils in getrennten Haushalten, ein Patient war verheiratet und lebte mit der Ehefrau zusammen.

Von den sechs geschiedenen bzw. in Scheidung lebenden Patienten und der beendeten Partnerschaft waren fünf Frauen zwischen dem 30. und dem 40. Lebensjahr.

Von den fünf verwitweten Patienten und dem durch den Tod des Lebenspartners Alleinlebenden waren drei zwischen 60 und 70 Jahren alt.

Zehn Patienten hatten eigene Kinder, in fünf Fällen stammten die Kinder aus unehelichen Verbindungen. Eines der unehelichen Kinder war nach der Geburt einer Pflegestelle übergeben worden. Eine alleinstehende Patientin lebte zusammen mit ihren drei kleinen Söhnen, eine verwitwete Frau mit ihrem kleinen Sohn.

In sieben Fällen wohnten die Kinder nicht mehr bei den Eltern oder dem Elternteil.

Eine verwitwete Patientin hatte eine Stieftochter, die nicht im gemeinsamen Haushalt wohnte.

2.3 Bildungsweg (Schule, Ausbildung)

Über den Bildungsweg gaben die Akten in 20 Fällen Aufschluß. Hiervon überwog mit sieben Fällen die Volksschule, es folgten fünf Patienten mit Abitur bzw. Besuch des Gymnasiums und einer hatte die Schule mit der mittleren Reife abgeschlossen.

Eine Lehre oder Ausbildung war in zehn Fällen abgeschlossen worden, und zwei Patienten hatten ein Hochschulstudium absolviert. In drei Fällen war die Ausbildung nicht beendet worden.

2.4 Arbeitsverhältnisse

Von 25 Fällen, zu denen Angaben über die Beschäftigung vorlagen, war nur eine Patientin in einem Arbeitsverhältnis. 11 Patienten waren arbeitslos im erwerbsfähigen Alter, drei erwerbsunfähig. Rente bezogen neun Patienten und in einem Fall war die Arbeitssituation unklar.

2.5 Einkommensverhältnisse

Zum Einkommen konnten von 22 Patienten Angaben ermittelt werden. Eine Patientin stand in einem Arbeitsverhältnis. Neben einem Patienten, der Arbeitslosenhilfe erhielt, lebten sechs der Untersuchten von Sozialhilfe. Drei erhielten Erwerbsunfähigkeitsrenten, acht Altersrenten. Ein Patient lebte von Ersparnissen und eine Frau erhielt Unterhaltszahlung durch den geschiedenen Mann. In einem Fall war die Situation unklar.

2.6 Todesfälle und wichtige biographische Ereignisse

Im folgenden wird versucht, den Zusammenhang zwischen wichtigen biographischen Ereignissen (Life events) und dem Beginn der Vermüllung aufzuzeigen.

Bei den untersuchten 22 Fällen standen als einschneidende Lebenseinbrüche mit 12 Fällen der Tod der Eltern bzw. eines Elternteiles oder des Ehepartners an erster Stelle. Davon führte bei acht Patienten der Lebenseinschnitt durch den Tod einer nahestehenden Person zur Vermüllung. Zum Teil ereigneten sich mehrere Todesfälle in geringem zeitlichem Abstand.

Bei sieben Patienten kam es zu einer Scheidung der Eltern und/oder zu einer Scheidung vom eigenen Ehepartner. In drei Fällen entwickelte sich nach einer Scheidung bzw. Trennung vom Partner eine Vermüllungsproblematik.

Zwei Patienten erlitten einen schweren Unfall, drei waren Übersiedler oder Flüchtlinge aus der ehemaligen DDR.

In einem Fall führte die Erkrankung (Chorea Huntington) zur Vermüllung der Wohnung.

Eine Patientin war während der Zeit des Nationalsozialismus aufgrund einer bei ihr diagnostizierten Schizophrenie daran gehindert worden, ihren Beruf als Säuglingsschwester auszuüben. Sie war in eine Klinik eingewiesen worden und das Amtsgericht hatte eine Sterilisation verfügt. Diese Maßnahmen stellten einen entscheidenden Lebenseinschnitt für die Patientin dar. Bemerkenswert war, daß die Patientin u. a. winzig kleine Marmeladengläser sammelte, was vielleicht als eine Kompensation für ihre früheren Tätigkeit im Umgang mit Säuglingen bzw. ihre eigenen Kindeswünsche interpretiert werden könnte.

In einem Fall führte der Auszug des Sohnes, in in einem anderen eine Interruptio (Abtreibung) zum Erscheinungsbild der Vermüllung. Auch Arbeitslosigkeit wurde in einem Fall zum Auslöser.

Bei den angegebenen Lebenseinschnitten trafen in manchen Fällen mehrere der traumatischen Ereignisses zusammen.

Acht von 30 erhobenen Fällen wurden bezüglich der biographischen Lebenseinschnitte nicht erfaßt, da zu wenig Informationen vorhanden waren. Im folgenden möchte ich aber doch auf einzelne dieser Fälle kurz eingehen, um aufzuzeigen, daß es auch hier bedeutsame Verbindungen zwischen lebensgeschichtlichen Traumata und dem Beginn der Vermüllung gibt.

So gab es unter diesen Patienten Fälle von Heimerziehung in der Kindheit. Desweiteren war eine schizophrene Patientin und ein Mann mit einer Alkoholhalluzinose unter den genannten acht Fällen. Nach der Beschreibung der Wohnungssituation lag hier aber eher nur eine Verwahrlosung als ein Vermüllungssyndrom vor.

Ein Ehepaar und eine Frau im Senium beschrieben, daß sie schon seit Jahrzehnten dazu neigten, Gegenstände aller Art aufzubewahren. Bei einer 50jährigen Patientin bestand eine schwere Zwangsneurose.

Bei 15 Patienten war das Erscheinungsbild eines Vermüllungssyndroms die direkte Folge eines biographischen Einschnitts.

2.7 Hobbys und Interessen

Nur in 12 Fällen gab es Hinweise auf die Interessen der Patienten. In vier von diesen Fällen spielte das Interesse für Tiere eine wichtige Rolle. Sechs Patienten widmeten ihr Interesse unterschiedlichen Hobbies. Ein Patient war sozial engagiert, in einem Fall spielte das Sammeln als Leidenschaft eine Rolle.

2.8 Sexualität

Die Angaben lassen nur wenige aussagekräftige Rückschlüsse zu. Über die Sexualität der Patienten ist sehr wenig bekannt. In zwei Fällen wurden tätliche Auseinandersetzungen mit dem Partner angegeben. Ein Patient ging zu Prostituierten, zwei weitere lehnten Sexualität mit einem Partner ab. Drei Patienten hatten für eine kürzere Zeit eine Freundin oder einen Freund, zwei weitere hatten zum Zeitpunkt der Untersuchung eine Freundin oder einen Freund. Einem Patienten wurde sexuellen Umgang mit Minderjährigen nachgesagt.

2.9 Pflegschaft[25]

Von den 30 Fällen, die in dieser Studie berücksichtigt wurden, bestand bei 17 Patienten eine Pflegschaft. Davon wurde in drei Fällen die Pflegschaft wieder aufgehoben.
Die folgende Tabelle gibt, unter Berücksichtigung der Geschlechtszugehörigkeit, Aufschluß über die Altersverteilung der 17 eruierten Pflegschaften. Angegeben ist jeweils das Alter bei Einrichtung der Pflegschaft.

Gruppierung nach Alter und Geschlecht der Pflegschaften

Alter	10-20	20-30	30-40	40-50	50-60	60-70	70-80	80-90
weibl.			2	3	1		3	
männl.	1	1	1	2	1	1		1

Den größten Anteil mit 47 % aller Pflegschaftsfälle stellt die Altersgruppe zwischen dem 30. und 50. Lebensjahr. Bei den Frauen ergeben sich zwei Gipfel, zwischen dem 40. und 50. sowie dem 70. und 80. Lebensjahr. Eine Häufung der Fälle bei den Männern findet sich nur in der Altersgruppe zwischen dem 40. und dem 50. Lebensjahr; sonst sind sie in fast jeder Altersgruppe gleichmäßig vertreten.

---

[25] In dieser Arbeit wurden nur Fälle untersucht, die vor Inkrafttreten des Betreuungsgesetzes aktenkundig waren. Deshalb wird hier der Begriff „Pflegschaft" nach dem alten Gesetz verwendet. Das Betreuungsgesetz ersetzte die frühere „Pflegschaft" durch die „Betreuung".

3. Spezielle Anamnese unter besonderer Berücksichtigung psychiatrischer Behandlungen und Alkoholentzüge

Von 20 Patienten, die in einer staatlichen Institution untergebracht waren, wurden 19 in einer psychiatrischen Klinik behandelt. Bei sieben dieser Patienten bestand ein Alkoholabusus. In fünf Fällen erfolgte eine einmalige psychiatrische stationäre Behandlung, von denen zwei Patienten ambulant nachbetreut wurden. Zehn Patienten waren mehrfach in psychiatrischer stationärer Behandlung (darunter fünf Fälle von Alkoholkrankheit), und bei drei Patienten erfolgten psychiatrische Langzeitaufenthalte (davon zwei Patienten mit Alkoholismus). Ein Patient war nach einem jahrelangen Aufenthalt in einem Pflegeheim wieder nach Hause entlassen worden.

In 16 Fällen konnte das Alter, in dem die psychiatrische Ersterkrankung bzw. Erstbehandlung erfolgte, eruiert werden:

Alter	10-20	20-30	30-40	40-50	50-60	60-70	70-80
Fälle	1	5	3	4	3	1	1

Wie aus der Tabelle zu ersehen ist, trat im Alter zwischen 20 und 30 Jahren gehäuft eine Ersterkrankung auf bzw. fand eine Erstbehandlung statt.

4. Darstellung der Befunde

Die Befunde, soweit sie sich bei den einzelnen Fällen ergeben, wurden nach den Kriterien

- Körperliche Befunde und äußere Erscheinung
- Kontaktaufnahme und Verhalten
- Geistige Leistung
- Wahrnehmung und Sinnestäuschung
- Antrieb, Stimmung und Affekt

- Psychische Störungen
- Besondere Verhaltensweisen

aufgeschlüsselt.

4.1 Körperliche Befunde und äußere Erscheinung

Von 15 körperlich auffälligen Befunden befanden sich sieben Patienten in einem zum Teil erheblich reduzierten Ernährungszustand. Drei Patienten zeichneten sich durch Adipositas aus. Auffällig waren bei acht Patienten dermatologische Veränderungen, wie Geschwulstbildungen, Ulcus cruris (Unterschenkelgeschwür), Pigmentierungen und Narben, die in einem Fall auf multiple Schnittverletzungen und Verbrennungen hinwiesen. Fünf Patienten zeigen neurologische Auffälligkeiten. Drei Patienten litten unter Polyneuropathien, ein Patient an einer Ataxie (Bewegungsstörung), und ein Patient zeigte deutlich verlangsamte Bewegungen.

Das äußere Erscheinungsbild ließ bei den meisten der Untersuchten zu wünschen übrig. Von 23 Patienten machten nur fünf einen ausreichend gepflegten Eindruck. Zehn Patienten waren in einem körperlich ungepflegten Zustand, die Kleidung war in einem Fall mit Kot beschmiert. Die mangelnde Körperpflege wurde in einem Fall als beklagenswert erlebt. In einem weiteren Fall wurden die völlig verfilzten Haare unter einem Kopftuch versteckt. In einem Fall trug eine 74jährige, jünger aussehende Patientin eine Perücke, Ohrenschmuck und einfache, saubere Kleidung.

4.2 Kontaktaufnahme und Verhalten

Die Kontaktaufnahme war in 14 von 19 Fällen erheblich gestört. Eigenschaften wie Ängstlichkeit, mißtrauisches, abweisendes und unfreundliches Wesen, Verschlossenheit und Verwirrtheit wurden immer wieder beschrieben. In einem Fall konnte beobachtet wer-

den, daß die Patientin im Gespräch immer wieder zu quälendem Brechreiz neigte.
In zwei Fällen schien sich trotz der Ängstlichkeit der Patienten, ein Kontakt zu entwickeln. Nur drei Patienten waren als normal kontaktfähig anzusehen.

Das Verhalten war in den meisten Fällen als auffällig einzustufen. 14 von 23 Patienten zeigten Auffälligkeiten in der Mimik, im Verhalten oder durch eine unverhältnismäßige Hilflosigkeit. Einige Patienten fielen durch lautes, „poltriges", „läppisches" Verhalten, Kritiklosigkeit, starkes Grimmassieren, häufiges Lachen, Unruhe, Ängstlichkeit, Angespanntheit und Desorientiertheit auf.

4.3 Geistige Leistung

Ein pathologischer Befund zur Gedächtnisleistung *(Mnestik)* – soweit beurteilbar – lag in sechs von 30 Fällen vor.

Auch die *Aufmerksamkeit* und *Konzentration* waren bei sechs Patienten beeinträchtigt.

Untersuchungen zum *Denken* ergaben, daß von 30 Patienten 19 unter Denkstörungen litten. Bei 16 Patienten dieser Gruppe waren inhaltliche und/oder formale Denkstörungen vorhanden.

Die *Intelligenz* war beim größten Teil der Untersuchten – soweit beurteilbar – nicht beeinträchtigt. Nur bei vier Patienten wurde eine Intelligenzminderung diagnostistiziert.

4.4 Wahrnehmung und Sinnestäuschung

Bei der Hälfte (15) der in dieser Studie ausgewerteten Krankengeschichten waren Wahrnehmungsstörungen und Sinnestäuschungen angegeben. Von diesen 15 Patienten litten 11 unter Halluzinationen, wovon drei Patienten sowohl akustische als auch optische Halluzi-

nationen hatten. Ein Patient hatte zusätzlich auch haptische Halluzinationen (Berührungshalluzinationen). Weitere fünf Patienten litten vor allem unter akustischen Halluzinationen. Von diesen hatte ein Patient zusätzlich olphaktorische Halluzinationen (Geruchshalluzinationen). Bei einem Patienten traten ausschließlich optische Halluzinationen auf, bei einem anderen war die Art der Halluzination nicht genau beschrieben.
Unter paranoiden Ideen litten sechs Patienten.

Der Inhalt der Wahnideen und der Halluzinationen bezog sich in fünf Fällen auf die eigene Wohnung und die Wohnungsnachbarn. Bei sechs Patienten bezog sich der Inhalt der Halluzination auf Angst vor Verstümmelungen des eigenen Körpers, Mordversuchen oder sonstigen Nachstellungen gegen die eigene Person.

4.5 Antrieb, Stimmung und Affekt

Nach den Unterlagen war der Antrieb bei sechs Patienten gesteigert und bei sieben Patienten verlangsamt.

Bei einem Großteil der Untersuchten (20 von 30) war die Stimmung und der Affekt in verschiedener Ausprägung gestört. 12 Patienten zeigten mehr depressive Züge, davon drei starke Stimmungsschwankungen. Zwei Patienten hatten eine mehr freundliche bis gehobene Stimmung. Bei fünf Patienten war die Stimmung gereizt.
Die Affektivität schien bei sieben Patienten gestört zu sein, neun litten unter krankhaftem Erleben. Davon trugen sich drei Patienten mit Selbstmordgedanken. Zwei Patienten hatten bereits einen Suizidversuch unternommen.

4.6 Psychische Störungen

Ich-Störungen wurden in den Krankengeschichten kaum ausdrücklich beschrieben. Nur in zwei Fällen wurden dazu Angaben gemacht.

In drei Fällen wurden *Zwänge* beschrieben. Das waren in einem Fall kleptomanische Handlungen, in einem anderen Waschzwänge, und ein Patient litt unter verschiedenen Zwangsritualen.

Krankhaftes Erleben trat bei fünf Patienten auf, die unter paranoiden Ideen litten (s. „5. Psychische Erkrankungen").

4.7 Besondere Verhaltensweisen

Die besonderen Verhaltensweisen lassen sich schwer einteilen. Dennoch fiel auf, daß drei Patienten Sprachstörungen hatten, wobei sich bei zwei Patienten zusätzlich ein tic-artiges Verhalten zeigte.
Zwei Patienten hatten ungewöhnliche Nahrungsgewohnheiten. So ernährte sich ein Patient von verschimmeltem Brot und verfaulten Tomaten, die er aus Abfalleimern auflas. In einem Fall aß die Patientin nichts Warmes, sondern nur Kekse, Schokolade, Pralinen und trockenes Knäckebrot.

5. Psychische Erkrankungen

Von den 30 untersuchten Fällen war bei 17 Patienten die Diagnose „Psychose" gestellt worden. Vier dieser Erkrankungen gehörten zum schizophrenen Formenkreis. Drei Mal waren affektive, weitere drei Mal paranoide Psychosen diagnostiziert worden und außerdem drei Alkoholpsychosen. Unter den Alkoholkranken befand sich ein Patient, der auch an einer schizophrenen Psychose litt.
Bei drei Patienten war eine senile Demenz, bei einem Patienten eine chronische Psychose und bei einem Patienten Chorea Huntington festgestellt worden. Zwei Patienten litten an einem ein Borderline-Syndrom, ein Patient an einer psychosenahen Persönlichkeitsstörung mit Neigung zu Alkoholmißbrauch und Verwahrlosung. Ein Patient hatte einen chronischen Alkoholabusus mit Tendenz zur Verwahrlosung.

Ein Patienten wurde als unreife Persönlichkeit mit Verwahrlosungstendenzen bezeichnet. Bei ihm lag außerdem eine Störung des Sozialverhaltens mit Zwangscharakter vor. Ein Patient wurde als abnorme Persönlichkeit mit Sammeltrieb diagnostiziert, vier Patienten als Neurotiker. Von diesen hatten zwei eine Zwangsneurose. einer eine Neurose mit depressiven und zwanghaften Zügen mit Zustand nach Alkohol- und Tablettenabusus. Eine Patientin litt an einer neurotische Depression.

Weiterhin wurden bei einem Patienten Störungen des Sozialverhaltens mit Alkoholabusus diagnostiziert, und zwei Patienten litten an einer frühkindlichen Hirnschädigung.

5.1 Tabellarische Einteilung der Psychosen (17 Fälle)

1. Organische Psychosen:

Alkohol	Alter	andere
3	3	1

2. Nichtorganische Psychosen:

Schizophrenie	Affektive Psychosen	Paranoide	andere
4	3	3	1

Es gibt eine Überschneidung bei Alkoholpsychose und Schizophrenie.

Weitere psychische Erkrankungen:

Borderline	Neurose	Persönlich-keitsstörung	Alkohol-abusus	Frühkindliche Hirnschädigung
2	4	2	4	2

Alkoholabusus und Neurose treten oft zusammen auf. Dazu kommt bei diesen Patienten häufig noch ein Tablettenabusus. Eine weitere Überlappung ist zwischen Alkoholabusus und Persönlichkeitsstörung festzustellen.

5.2 Therapeutische Maßnahmen

Therapeutische Maßnahmen wurden bei 26 Patienten vorgenommen. 15 Patienten wurden medikamentös versorgt, in 11 Fällen lag der Schwerpunkt der Behandlung in Gesprächen, Hausbesuchen und der Betreuung durch eine Haushilfe (in sieben Fällen).

6. Angaben über die Vermüllung

6.1. Beschreibung der Vermüllung

Aus den Berichten über die Vermüllung der Wohnungen wurde deutlich, daß es offenbar verschiedene Formen des Ansammelns von Müll gibt. Dort, wo sich Essensreste, Schmutz, Leergut (Dosen, Flaschen, Behälter) und verderblicher Abfall sonstiger Art ansammelten, blieben der Gestank und das Auftreten von Ungeziefer, in einigen Fällen sogar Mäuse- und/oder Rattenbefall meist nicht aus. Neun der untersuchten Fälle gehörten in diese Kategorie. Außer in einem Fall hatten sich in den Wohnungen Müllberge angesammelt. In drei Fällen war der Müll auch von draußen in die Wohnung gebracht worden.

In weiteren sieben Fällen waren in den Wohnungen ebenfalls Essensreste und Unrat vorgefunden worden, doch ein Ungezieferbefall wurde hier nicht beschrieben. Von diesen sieben Fällen hatten sich in fünf Wohnungen Müllberge angehäuft. Ein Patient hortete den Abfall nach einem bestimmtem System, in einem anderen Fall wurde Sperrmüll von der Straße gesammelt.

Neun Wohnungen wurden in einem verwahrlosten Zustand, gefüllt mit Unrat, angetroffen. In zweien waren Müllberge vorhanden und in zwei weiteren war Müll von der Straße gesammelt worden.

Eine Vermüllung ohne Vorhandensein von Unrat und Verwahrlosung, ohne Sammlung von Essensresten und ohne Ungezieferbefall wurde in fünf Wohnungen angetroffen. Hier wurden mehr Zeitungen, Papiere und Gegenstände, die nicht zum Gebrauch dienten, gesammelt und aufbewahrt. Auch hier war die Ansammlung der Gegenstände so umfangreich, daß die Bewegungsfreiheit im Raum stark eingeschränkt war.

Die prägnantesten Merkmale in vermüllten Wohnungen:

Merk-male	Müll-berge	Essens-reste	Unrat	Unge-ziefer	Gefüllte Taschen, Kartons	Straßen-müll
Anzahl	14	16	25	9	13	6

In zwei Fällen wurde die Wohnung durch das Fenster betreten und verlassen, weil ein Durchgang zur Haustür offenbar nicht mehr möglich war.

In drei Fällen wurde eine akute Brandgefahr noch rechtzeitig erkannt. Die Heizkörper waren in drei Fällen überheizt, in einigen anderen konnte jedoch überhaupt nicht mehr geheizt werden.

Die Spüle und das Bad waren in einigen Wohnungen ebenfalls nicht mehr benutzbar. Es war sogar aufgrund der Geruchsbildung anzunehmen, daß die Notdurft in der Wohnung außerhalb von Toilettenräumlichkeiten verrichtet wurde.

In einigen Fällen waren die Wände feucht und verrottet, und auch Lichtquellen nicht mehr vorhanden.

6.2 Entstehung der Vermüllung

Angaben zur Entstehungsweise der Problematik waren bei 22 der 30 Fälle zu finden. Zehn Wohnungen zeichneten sich durch Rückstau und Neuerwerb von Müll aus, davon sieben mehr durch Rückstau, d. h., der Müll wurde nicht mehr weggebracht, sondern gelagert, und vier vor allem durch Neuerwerb, d. h., Müll wurde von der Straße mitgebracht.
Eine Wohnung war mehr verschmutzt als vermüllt.

6.3 Schweregrad der Vermüllung

Bei 28 Fällen konnten Rückschlüsse über den Vermüllungsgrad gezogen werden. Danach lag in 20 Fällen ein schwerer Vermüllungsgrad vor und in acht Fällen ein mittelschwerer.

7. Verlaufsbeobachtung

Bei der Auswertung des Verlaufs war die unterschiedliche Versorgung der Patienten zu berücksichtigen. 21 Patienten wurden von Sozialpsychiatrischen Diensten betreut, sieben in Kliniken und zwei ambulant behandelt. Die Zusammenfassung der Krankheitsverläufe erfolgt nach der dieser Betreuung.

7.1 Betreuung durch Sozialpsychiatrische Dienste (Fall 1-21)

In zehn Fällen wurde der Sozialpsychiatrische Dienst durch den Hausverwalter, Mieter oder die Polizei von dem Zustand der Wohnung der betreffenden Personen informiert. Gestank und Ungezieferbefall im Haus waren die Hauptgründe, die zur Meldung führten. In sechs Fällen erfolgte die Kündigung der Wohnung bzw. wurde eine Räumungsklage gestellt, die in drei Fällen durch Intervention von Mitarbeitern des Sozialpsychiatrischen Dienstes abgewendet werden konnte.

Hilfe, die vom Amt angeboten wurde, lehnten fünf der Patienten ab. Zum Teil waren die Patienten überzeugt, die Wohnung selbst in Ordnung bringen zu können. In drei Fällen wurde behauptet, unter dem Müll befänden sich wertvolle Gegenstände. Ein Leidensdruck wegen des Zustands der Wohnung schien in vielen Fällen nicht zu bestehen.

In drei Fällen wurde die Behörden regelmäßig aufgesucht, um Forderungen vorzutragen. Bei einer Ablehnung von persönlichen Wünschen kam es teilweise zu ernsten Auseinandersetzungen. Einige Patienten nutzten die Besuche im Amt für persönliche Aussprachen. In fünf Fällen beklagten sich dabei die Patienten immer wieder darüber, daß sie angeblich bestohlen und betrogen würden. Nachforschungen konnten diese Vorwürfe nicht bestätigen. Sechs Patienten hatten sich selbst in gerichtlichen Verfahren wegen Diebstahls und/oder anderer Delikte zu verantworten.

Bei drei Patienten wurde im Verlauf der Beobachtung eine zunehmende Abmagerung festgestellt.

Von den 21 Fällen, die vom Sozialpsychiatrischen Dienst betreut wurden, fanden in 18 Fällen Gespräche mit den Patienten statt. Davon wurden zehn Fälle über viele Jahre und zwei über Jahrzehnte von Amts wegen betreut.

7.2 Stationäre Behandlung (Fall 22-28)

Von den sieben klinischen Fällen erfolgte bei vier Patienten die stationäre Aufnahme über den Sozialpsychiatrischen Dienst. Von diesen vier Fällen erfolgte die Unterbringung in dreien gemäß dem Unterbringungsgesetz. In drei Fällen wurde die Aufnahme durch Praxisärzte angeordnet.

Insgesamt ließen sich von den sieben Fällen drei Patienten freiwillig in eine Klinik aufnehmen.

In vier Fällen kam es zur erneuten Klinikaufenthalten, in einem Fall davon zu vier Wiederaufnahmen. Ein Patient wurde durch Einschalten eines Rechtsanwaltes 14 Mal wieder nach Hause entlassen.

66

Bei zwei der sieben eingewiesenen Patienten war der Zustand der Wohnung einer der Hauptgründe für die Krankenhausaufnahme. In zwei weiteren Fällen bezogen sich die diagnostizierten Wahnideen auf die Wohnung. So behauptete einer dieser Patienten, daß sich unbefugte Personen in seiner Wohnung befänden. Die andere Patientin glaubte, daß jemand in ihrer Abwesenheit in ihrer Wohnung Papiere durchwühlt hätte, auf denen sie persönliche Erlebnisse aufgezeichnet hatte, und daß sich Leute über sie lustig machten.

Bei der klinischen Verlaufsbeobachtung fiel auf, daß von den sieben Patienten fünf keine Krankheitseinsicht zeigten und therapeutisch schwer zugänglich waren. Vier dieser Patienten waren durch Wahnerlebnisse beeinträchtigt, zwei zusätzlich durch die Folgen von Alkoholmißbrauch.

Zwei der stationär aufgenommenen sieben Patienten entwickelten im Verlauf der klinischen Behandlung eine Krankheitseinsicht. Sie zeigten Interesse daran, ihre Wohnung wieder bewohnbar zu machen.

7.3 Ambulante Behandlung (Fall 29-30)

Eine Patientin leitete die ambulante Behandlung selbst ein, als sie einen Arzt aufsuchte, weil sie mit dem Leben nicht mehr fertig wurde. Wegen der Verwahrlosung der Wohnung drohte hier die Kündigung seitens des Hausbesitzers.

In dem anderen Fall fand die ambulante Betreuung als Nachbehandlung eines Klinikaufenthaltes statt. Der vermüllte Zustand der Wohnung war in diesem Fall seit Jahren unverändert geblieben.

In beiden Fällen funktionierte die Wohnungsklingel nicht. Dies ist möglicherweise ein Anzeichen der selbstgewählten sozialen Isolation der Patienten und ein Ausdruck ihres Mißtrauens der Außenwelt gegenüber. In beiden Fällen lag bezüglich der Wohnungssituation ein chronischer Verlauf vor.

VI BISHERIGE ERGEBNISSE DER UNTERSUCHUNG ZUM VERMÜLLUNGSSYNDROM – LITERATURDISKUSSION

Die bereits in Kapitel IV vorgestellten Arbeiten, die sich mit dem Thema „Vermüllung" im weitesten Sinn beschäftigt haben, versuchten, eine Erklärung für eine derartige Entwicklung zu finden. In die folgende Literaturdiskussion werden u. a. auch die in Kapitel III aufgestellen eigenen Thesen zu dieser Problematik einbezogen.

1. These:

Die Vermüllung stellt eine Reaktion auf ein Trauma dar. Das Syndrom besteht in einer Veräußerlichung dieses inneren Zustandes nach der Traumatisierung.

Macmillan und **Shaw**[26] und auch **Klosterkötter**[27] betonen die Bedeutung einer persönlichkeitsfundierten abnormen Erlebnissituation für die Erkrankung. **Macmillan** und **Shaw**[28] denken dabei an einschneidende biographische Ereignisse, **Klosterkötter**[29] und auch **Dettmering**[30] stellen außerdem zur Diskussion, ob nicht auch eine abnorme Trauerreaktion (bzw. eine fehlgeleitete Trauerarbeit) als Auslöser für die Erkrankung anzusehen ist.

Labhardt verweist vor allem auf gesellschaftliche Ursachen der individuellen Erkrankung. In der westlichen Gesellschaft seien zwar in Teilbereichen früher existierende Zwänge und Moralvorstellungen entscheidend gelockert worden, dafür falle aber ein Kernproblem der Menschheit, nämlich die Frage nach dem Tod, einer immer mehr fortschreitenden Tabuisierung und Ausgrenzung anheim. Die heutige Gesellschaft sei ähnlich wie der einzelne Zwangskranke

---

[26] Macmillan und Shaw (1966), S. 366
[27] Klosterkötter (1985), S. 427
[28] Macmillan und Shaw (1966), S. 1036
[29] Klosterkötter (1985), S. 428
[30] Dettmering (1985), S. 18

durch affektive Kälte, Starre und Leere gekennzeichnet[31]. **Clark**[32] und seine Mitarbeiter erwähnen, daß das Symptombild eine Reaktion auf verstärkte seelische Belastungen bei älteren Menschen mit bestimmten Persönlichkeitsmerkmalen darstellen könnte. **Henderson Smith**[33] fragt sich, ob es sich um die Manifestation eines Todeswunsches bei Fällen von Hypothermie handeln könnte.

Einige Autoren messen allerdings auch dem biographischen Einschnitt keine entscheidende Bedeutung für das Entstehen der Dekompensation bei. So sieht **Snowdon**[34] in den von ihm beschriebenen Patienten Exzentriker. Exzentrisches Verhalten könnte das Ergebnis von verschiedenen Interaktionen zwischen der Persönlichkeit, der Erziehung und bestimmten Ereignissen sein. Er bemerkt auch, daß man das Auftreten von Unsauberkeit als Zeichen erkennen sollte, das verursachende Umstände hat.

Jean Goodwin[35] meint im Hinblick auf die Untersuchungen von Clark, daß es sich bei diesen Patienten um Außenseiter der Gesellschaft handeln könnte, die vielleicht auch früher schon unkonventionell gelebt hätten. **Kalman Kafetz**[36] vermutet, daß die Auswirkung von Alkohol auf das Verhalten oft den sozialen Abstieg hervorrufen könne.

In meiner ersten These wurde außer den bereits behandelten Aspekten die Behauptung aufgestellt, daß die Vermüllung nicht lediglich eine Form der Verwahrlosung ist, sondern ein psychiatrisch relevantes eigenes Krankheitsbild darstellt (Syndrom).

Für ein Syndrom plädieren **Macmillan** und **Shaw**[37] (Senile Squalor Syndrom), **Clark**[38] (Diogenes-Syndrom) und **Dettmering**[39] (Ver-

---

[31] Vgl. Labhardt (1973), S. 36
[32] Clark (1975), S. 368
[33] Henderson Smith (1975), S. 515
[34] Snowdon (1987), S. 491
[35] Goodwin (1983), S. 505
[36] Kafetz (1982), S. 706
[37] Macmillan / Shaw (1966), S. 1032
[38] Clark (1975), S. 366
[39] Dettmering (1985), S. 17

müllungssyndrom). **Klosterkötter**[40] unterstützt die Syndromdefinition Clarks.

Dagegen hält **Snowdon**[41] es nicht für angemessen, bei mangelndem Sauberkeitsverhalten von einem Teil eines Syndroms zu sprechen. Auch **Kalman Kafetz**[42] sieht die Syndrombestimmung von Macmillan/Shaw und Clark als zweifelhaft an.

2. These:
Es können drei verschiedene Vermüllungstypen unterschieden werden.

Verschiedene Vermüllungstypen wurden von **Dettmering**[43] beobachtet. Analog zu dem von ihm beschriebenen Typ 1, bei dem wertlose Gegenstände gesammelt und nach einem Ordnungsschema aufbewahrt werden, spricht **Labhardt**[44] von einem System mit „geordneter Unordnung".

Von einigen Autoren werden Vermüllungen mit Müllbergen registriert. Für **Snowdon**[45] ist dies ein charakteristisches Merkmal in den meisten seiner untersuchten Fälle. Dettmering spricht bei Wohnungen mit Müllbergen vom Vermüllungstyp 2 und bei weiterer Verschlechterung der hygienischen Zustände vom Typ 3.

Clark[46] fällt die Hortung von nutzlosem Abfall auf, und in sechs seiner untersuchten Fälle konnte er eine derartige Hortung registrieren, die bewirkte, daß der Lebensraum ernsthaft eingeschränkt war. Bei derartigen Anhäufungen von Müll spricht Clark von „Syllogomanie". Für **Klosterkötter**[47] stellt dieses Merkmal eine Vernachläs-

---

[40] Klosterkötter (1985), S. 429

[41] Snowdon (1987), S. 491

[42] Kafetz (1982), S. 706

[43] Dettmering (1985), S. 17

[44] Labhardt (1973), S. 30

[45] Snowdon (1987), S. 493

[46] Clark (1975), S. 366

[47] Klosterkötter (1985), S. 429

sigung des persönlichen Lebensraumes bei gleichzeitigem Auftreten eines Sammeltriebes dar.

Macmillan und **Shaw**[48] stellen fest, daß die Zeitspanne bei der Entwicklung der Vermüllung sehr unterschiedlich sein kann. So gebe es Fälle, die in kurzer Zeit einen hohen Grad an Vermüllung erreichten während bei anderen die Verwahrlosung Jahre brauche. Auch sei zu beobachten, daß in einigen Fällen der Grad der Vermüllung über Jahre konstant bleibe.

3. These:
Das Vermüllungssyndrom kann bei älteren und jüngeren Menschen gleichermaßen angetroffen werden.

Klosterkötter[49] stellt zwar eine überwiegende Manifestation jenseits des 60. Lebensjahres fest, schreibt aber auch, daß die Beschränkung auf ältere Menschen durchaus kontrovers zu diskutieren sei. Bei **Macmillan** und **Shaw**[50] und **Clark**[51] waren die untersuchten Patienten alle bis auf einen über 60 Jahre alt. Dagegen beobachtete **N. Berlyne**[52] das Syndrombild bei wesentlich jüngeren Personen.

Nach der Einschätzung von **Whitehead**[53] ist die Vermüllung nicht auf das Alter beschränkt. Er kenne junge und relativ junge Patienten, die dieses „Krankheitsbild" zeigten. **Dettmering**[54] sieht ein Manifestationsalter zwischen dem 20. und 30. Lebensjahr und jenseits des 50. Lebensjahres. Von **Snowdons**[55] untersuchten 83 Patienten waren 11 Patienten 60 Jahre alt und vier jünger.

---

[48] Macmillan und Shaw (1966), S. 1037

[49] Klosterkötter (1985), S. 429

[50] Macmillan und Shaw (1966), S. 1033

[51] Clark (1975), S. 366

[52] Berlyne (1975), S. 515

[53] Whitehead (1975), S. 628

[54] Dettmering (1985), S. 17

[55] Snowdon (1987), S. 491

4. These:

Das Syndrombild kann die Diagnosestellung verändern bzw. erweitern. Es ist sehr wichtig, den reaktiven Anteil an der Entstehung dieses Syndroms auch hinsichtlich möglicher Therapiemaßnahmen näher herauszuarbeiten. Bezüglich der Neurotiker ist zu vermuten, daß kaum jemand sich einer Behandlung stellt. Daher ist eine hohe Dunkelziffer zu vermuten.

Wenn das Vermüllungssyndrom mit in die Diagnosestellung einbezogen würde, könnten Patienten vor der Kündigung und Zwangsräumung ihrer Wohnung stärker beobachtet und auch geschützt werden. **Dettmering**[56] plädiert bei diesen Fällen für eine Pflegschaft für den Bereich der Wohnungsangelegenheiten, um einen solchen Schutz zu gewährleisten, aber auch um eine Entmüllung durchführen lassen zu können.

Die meisten Autoren stellen die berechtigte Forderung, das beschriebene Krankheitsbild als ein eigenes Syndrom anzusehen. Es ist durchaus denkbar, daß zusätzlich zum Vermüllungssyndrom noch andere psychiatrische Diagnosen gestellt werden. Therapeutische Konsequenzen sind in jedem Fall zu ziehen.

Dettmering[57] verweist auf modifizierte psychoanalytische Verfahren, **Labhardt**[58] auf eine primäre, positive Diagnostik, verschiedene therapeutische Behandlungsmöglichkeiten, die nicht vorwiegend tiefenpsychologisch orientiert sein sollten, und auf die Psychopharmakatherapie, die auch **Klosterkötter**[59] in Verbindung mit verhaltenstherapeutischen Maßnahmen empfiehlt. **Clark**[60] legt besonderen Wert auf die soziale Betreuung, und **Snowdon**[61] vermißt ausreichende therapeutische Angebote. Die Belastungen von Sozialarbeitern und Pflegepersonal im Umgang mit diesen Patienten seien zu hoch.

---

[56] Dettmering (1985), S 18-19
[57] Dettmering (1985), S. 18
[58] Labhardt (1973), S. 33-35
[59] Klosterkötter (1985), S. 434
[60] Clark (1975), S. 368
[61] Snowdon (1987), S. 494

Snowdon[62] vermutet eine hohe Dunkelziffer, da viele Menschen in derartigen Lebensverhältnissen keinen Kontakt zu einem Arzt oder Sozialarbeiter aufnehmen würden. Die Ergebnisse seiner Untersuchungen sieht er deshalb mit eingeschränkter Gültigkeit.

Hervorheben möchte ich die Bedeutung der Hausärzte und Mitarbeiter sozialer Dienste für die Prävention, die von fast allen Autoren betont wird. Dieser Personenkreis hat aufgrund seiner beruflichen Tätigkeit am ehesten Zugang zu diesen Patienten.
Hat sich die Vermüllung erst einmal manifestiert, ist ein Ausweg kaum möglich.

---

[62] Snowdon (1987), S. 494

VII Ursachen und Interventionsmöglichkeiten – Ergebnisse dieser Studie

In diesem Kapitel werden die untersuchten Fälle nach folgenden Gesichtspunkte ausgeführt:

- Erläuterung verschiedener Formen eines Strukturmangels oder Defektes in der Persönlichkeit
- Abgrenzungen zum Strukturmangel in der Persönlichkeit
- Benennung gemeinsamer Faktoren bei der Vermüllung, die als ein Syndrom anzusehen sind
- Darstellung von Faktoren, die zu einem Einschalten des Gesundheitsamtes führen
- Probleme bei einer Pflegschaft für den Wirkungskreis der Wohnungsangelegenheiten und der Durchführung der Entmüllung

Bei der Therapie wurden bisher unterschiedliche Schwerpunkte gesetzt. Das ist schon aus der Tatsache ersichtlich, daß einige Patienten in einer Klinik behandelt wurden, während bei anderen der Sozialpsychiatrische Dienst die Versorgung oder die nach dem stationären Aufenthalt weiterführende Behandlung übernahm. Andere Patienten wiederum wurden durch Hausärzte einschließlich niedergelassenen Psychiatern und anderen psychiatrisch-ambulanten Einrichtungen wie z. B. Tages- und Nachtkliniken versorgt.

Das große Angebot der psychiatrischen Versorgung in einer Stadt kann jedoch nicht darüber hinwegtäuschen, daß ein bestimmtes Klientel nicht oder kaum erreichbar ist. Eine Zusammenarbeit der verschiedenen Institutionen ist gerade bei diesen Patienten dringend notwendig. So könnten beispielsweise in anamnestischen Erhebungen Fragen nach bisher aufgetretener Vermüllung eingebaut werden. Mehr Hausbesuche des Hausarztes oder des behandelnden Psychiaters könnten zu mehr Verständnis für den Patienten führen.

1. Strukturmangel oder Defekt in der Persönlichkeit

Um einen Menschen, der in einer vermüllten Wohnung lebt, zu verstehen, muß zunächst akzeptiert werden, daß ein Strukturmangel oder ein Defekt der Lebensorganisation vorliegt. Diese Strukturmängel oder Defekte können unterschiedliche Ursachen haben, die im folgenden unter Berücksichtigung von einzelnen Falldarstellungen aufgezeigt werden.

1.1 Strukturmangel durch strukturelle Unterentwicklung

Hierbei handelt es sich vor allem um junge Patienten, die noch keinen eigenen Lebensstil entwickelt haben oder aufgrund ihrer soziokulturellen Entwicklung nicht die Möglichkeit dazu hatten.

Fallbeispiel:
Ein Patient von Anfang 20 war in verschiedenen Heimen und bei einer Pflegemutter aufgewachsen. Genauere Einzelheiten des biographischen Hintergrundes waren nicht bekannt. Mit 20 Jahren zog er in eine eigene Wohnung, die innerhalb kurzer Zeit vollkommen vermüllt war. Mitbewohner des Hauses beklagten sich beim Hausmeister, von dem üblem Geruch, der aus der Wohnung des jungen Mannes drang, Brechreiz und Übelkeit zu bekommen. Die Wohnung war mit Müll, Leergut und anderen Gegenständen vollgestellt. Auf dem Boden lag eine verschmutzte Matratze. Die einzige Sitzgelegenheit war ein Berg von Müll.

Es ist zu vermuten, daß der Patient den von ihm gehegten Wunsch nach Eigenständigkeit in einer eigenen Wohnung aufgrund seiner strukturellen Unterentwicklung und Deprivation in der Kindheit nicht realisieren konnte.

75

1.2 Strukturverlust aufgrund eines hirnorganischen Defizites

Ein hirnorganischer Abbau kann zur Dekompensation eines bisher geordneten Lebensstils führen. Das tägliche Leben mit seinen Anforderungen kann nicht mehr bewältigt werden.

Fallbeispiel:
Ein Patient von etwas mehr als 50 Jahren erkrankte an Chorea Huntington. Auch er lehnte jede Hilfe ab, so daß es erst durch die Aufmerksamkeit und Meldung der Nachbarn zur Kontaktaufnahme mit den Behörden kam. Die Mieter meldeten der Hausverwaltung das vermehrte Auftreten von Ungeziefer im Haus, das eindeutig aus der Wohnung des Patienten komme. Die Hausverwaltung informierte daraufhin das Gesundheitsamt. Es folgte sogar eine fristlose Kündigung der Wohnung und ein Klageverfahren wurde durchgefochten. Das Amt legte für den Patienten Berufung ein, der stattgegeben wurde.
Nach der Meldung beim Amt dauerte es noch ein Jahr, bis der Patient zur Behandlung in eine Klinik eingewiesen wurde. Die Einweisung erfolgte jedoch nicht auf Betreiben des Amtes, sondern aufgrund anderer Umstände. Ein Jahr, nachdem das Gesundheitsamt von der Wohnungssituation erfahren hatte, wurde der Patient von der Polizei hilflos in einer U-Bahnstation aufgefunden und nach dem Unterbringungsgesetz für psychisch Kranke und Selbstgefährdung für das eigene Leben (PsychKG) eingeliefert. Bei der Aufnahme war der Patient stark abgemagert. Eine Chorea Huntington mit fortgeschrittener Demenz wurde diagnostiziert und behandelt, so daß der Patient nach sechs Wochen wieder entlassen werden konnte. Er akzeptierte jetzt eine Hauspflege. Eine regelmäßige nervenärztliche Behandlung fand weiterhin statt.
Durch Veranlassung einer Gebrechlichkeitspflegschaft seitens der Nervenklinik konnte eine Entmüllung durchgeführt werden und mit Hilfe des Pflegers blieb die Wohnung sauber. Der Patient verstarb plötzlich.
Anamnestisch war zu erfahren, daß der Patient seit drei Jahren geschieden war und zu seiner geschiedenen Frau und seiner Tochter kein Kontakt mehr bestand. Vermutlich wurde die hirnorganische Erkrankung in den letzten Ehejahren von der Ehefrau verkannt, und sie verstand das veränderte Ver-

halten ihres Mannes nicht. Der durch die Scheidung zusätzlich belastete Patient dekompensierte immer stärker. Ein Kontaktversuch seitens des Amtes nach Meldung des Hauswirtes lehnte er mit dem Hinweis ab, daß er selbst alles regeln könne. Nur durch einen Zufall (Auffindung durch die Polizei) gelangte der Patient in ärztliche Behandlung und konnte noch eine Verbesserung seiner Gesamtsituation erleben. Im ungünstigsten Fall wäre er durch eine Räumungsklage wohnungslos geworden.

Dieser Fall zeigt besonders deutlich die Beeinträchtigung der Handlungsfähigkeit der Behörde, wenn der Betroffene die angebotene Hilfe ablehnt. Gerade hier wäre ein schnelles Handeln nötig gewesen.
Bei den für diese Studie ausgewerteten Fällten wurden drei weitere mit hirnorganischen Abbauerscheinungen festgestellt.

1.3 Strukturverlust aufgrund biographischer Entgleisungen

Fallbeispiel:
Eine in Scheidung lebende Türkin, Ende 30, sammelte in der kleinen Wohnung, in der sie alleine lebte, im Übermaß Gegenstände an. Die Frau verfügte über gute deutsche Sprachkenntnisse. Ihre Arbeitsstelle war in der Firma ihres Mannes, und er zahlte auch den Unterhalt.

Für eine muslimische Türkin ist eine Scheidung in den meisten Fällen gravierender als für eine Westeuropäerin. In türkischen Familien bestehen meist stärkere Familienbande.
Von den Hintergründen des beschriebenen Falles war nichts zu erfahren. Häufig leiden jedoch gerade türkische Frauen besonders unter einer Zurückweisung und erleben schwere depressive Zustände. In diesem Fall scheint die Vermüllung auch als Kompensation für den erlittenen Verlust zu dienen. Die Lebensstruktur scheint verloren gegangen zu sein, und dies wird in einem chaotischen häuslichen Umfeld sichtbar.

1.4 Strukturmangel als Auswirkung psychiatrischer Krankheiten

Bei psychiatrischen Krankheiten, die das Bild einer Psychose aus dem schizophrenen Formenkreis zeigen, und auch bei Patienten mit einer Alkoholhalluzinose, nimmt der Vermüllungsgrad eher schwere Formen an.

In einigen Fällen wird die häusliche Situation wahnhaft thematisiert. Die Patienten erleben wahnhaft, daß Menschen unbefugt in ihre Wohnung eindringen, sie durchwühlen und Wertvolles zerstören.

2. Abgrenzungen zum Strukturmangel in der Persönlichkeit

Das Vermüllungssyndrom kann Ausdruck einer dekompensierten Zwangsneurose (s. Labhardt[63]) sein. Aus einer Zwangsneurose, die eher durch eine übermäßige, stark kontrollierte Struktur gekennzeichnet ist, entwickelt sich ein Zerfall der Schutz- und Ordnungsfunktionen des Zwanges. Aber auch bei diesen Fällen wird noch eine geordnete Unordnung beobachtet (Vermüllungstyp 1; s. auch S. 22).

Fallbeispiel:
Eine 50jährige Frau suchte einen Arzt auf, weil sie mit dem Leben nicht mehr fertig wurde. Sie schilderte, daß sie im Laufe des Tages eine Fülle von Ritualen erfüllen müsse, die ihr ein erträgliches Leben unmöglich machen würden. Früher sei sie sehr genau und sorgfältig gewesen. Heute sei ihre Wohnung völlig vollgestellt wie eine Rumpelkammer. Es gäbe nur einen schmalen Zugang zum Bett. Die Wohnung könne auch nicht mehr beheizt werden. Sie sei einfach nicht mehr in der Lage, etwas wegzuwerfen. Auf diese Weise engte sie sich in ihrer Wohnung zunehmend mehr ein. Wegen des Zustandes ihrer Wohnung drohte der Hausbesitzer mit der Räumung. Außerdem bestanden übertriebene Ideen in religiösen Fragen.

---

[63] Labhardt (1973), S. 30

Bei dieser Patientin wurde eine Zwangsneurose diagnostiziert. Neben diesem Krankheitsbild weisen auch Patienten mit endogener Depression ebenfalls noch eine Struktur im Lebensstil auf.

Fallbeispiel:
Es handelt sich um den schon weiter oben erwähnten Fall einer Patientin, die seit Jahren zwischen ihren mit Hausrat gefüllten Kartons lebte. Sie hatte alles ordentlich gebündelt und gestapelt. Der Teppich war an den Stellen, die noch frei waren, gesaugt. Sie sorgte im Übermaß für ihren Wellensittich aus Angst, daß er sterben könnte.

3. Gemeinsame Faktoren bei der Vermüllung

Von einem Vermüllungssyndrom kann gesprochen werden, wenn folgende Faktoren zusammentreffen:

- Soziale Isolierung
- Müll als Entlastung von seelischen Problemen
- Panikreaktion bei Entmüllung

Die dokumentierten Fälle und auch die Literaturdiskussion beschreiben hinreichend diese drei Merkmale.

Fallbeispiel zur Panikreaktion:
Ein Mann, zwischen 35 und 40 Jahren, wurde vom Sozialpsychiatrischen Dienst per Gerichtsbeschluß zur Krisenintervention in die Klinik eingewiesen. In seiner Abwesenheit wurde im Rahmen einer Gebrechlichkeitspflegschaft für den Wirkungskreis der Wohnung eine Entmüllung veranlaßt. Bei der Aufnahme in der Klinik entwickelte der Patient massive Erregungszustände und ließ sich erst mit Hilfe von Medikamenten beruhigen. Nach zwei Tagen wurde der Patient ruhiger und sprach über den Sinn seiner Einweisung. Er habe vor, so lange in der Klinik zu bleiben, bis die Wohnung wieder in Ordnung gebracht sei. Die Wohnung sei in letzter Zeit zu überfüllt gewesen. Der Patient erzählte, daß er oft Wertvolles im Müll und auch auf der Straße entdecke, da seine Wahrnehmung darauf geschult sei, solche Gegenstände zu sehen.

Nach wenigen Tagen drängte der Patient auf Ausgang, da er wichtige Dinge zu erledigen habe. Er erhielt diesen gewährt und besichtigte seine Wohnung. Er berichtete, daß ihm die Wohnung leer vorgekommen sei und er noch viel verändern müsse, um sich dort wieder wohl zu fühlen.
Nach zehn Tagen erfolgte die Entlassung. Am Tag darauf entwickelte der Patient zu Hause einen starken Erregungszustand, so daß er sich hilfesuchend wieder an die Klinik wandte. Nach zwei weiteren Tagen ließ er sich wieder entlassen und kam drei Tage später aus dem gleichen Grund wieder zur Aufnahme. Jetzt kam seine Verzweiflung über die Entmüllung zum Ausdruck. Er beklagte sich, daß wertvolle Gegenstände fehlten und fühlte sich von den Behörden hintergangen. Später wurde er schrittweise auf die Entlassung vorbereitet.
Dieser Mann wurde regelmäßig vom Sozialpsychiatrischen Dienst betreut und hatte therapeutische Bezugspersonen. Zeitweise akzeptierte er einen Pfleger, aber es kam immer wieder zu heftigen Auseinandersetzungen. Das Müllsammeln blieb weiterhin ein wichtiger Bestandteil seines Lebens.

4. Faktoren, die zum Einschalten des Gesundheitsamts führen

Anhand einiger Beispiele soll deutlich gemacht werden, wie die Gesundheitsbehörden von vermüllten Wohnungen Kenntnis erhalten.

Oft sind es die Nachbarn, die unter der penetranten Geruchsbelästigung leiden und sich an den Hausmeister oder Hauswirt wenden, der dann die Meldung beim Gesundheitsamt macht.
Ein Fall schildert, daß sich der Grundstücksverwalter beim Amt meldete, nachdem sich Mieter bei der Verwaltung wegen Geruchsbelästigung, Rattenbefall und Ungeziefer beschwert hatten. In einem Fall meldeten die Hausbewohner bei der Polizei, daß von der Wohnung einer Mitbewohnerin ein bestialischer Gestank ausgehe.
In einem anderen Fall informierte die Polizei das Gesundheitsamt über Diebstähle, die in einem Haus vorgefallen waren. Eine Frau mit Kleptomanie und Sammeltrieb wurde in der vollgestellten Wohnung vorgefunden.

Ein andermal erhielt der Vermieter einen Beschwerdebrief der Mieter, den er an das Gesundheitsamt weiterleitete. Auch in zwei weiteren Fällen machte die Hausverwaltung eine Meldung. In einem Fall wurde der Zustand der Wohnung durch die Polizei gemeldet, die sich mit einem Klempner Zutritt wegen eines Wasserrohrbruchs verschafft hatte.

Wenn man den Meldungen nachgeht, könnte man glauben, daß es sich um sehr plötzliche Ereignisse handele. Wenn sich jedoch die Mitbewohner mit einer Beschwerde an die Öffentlichkeit wenden, besteht im allgemeinen schon eine Chronifizierung der Situation. Der betroffene Nachbar lebt meist schon seit Jahren isoliert und mit einer schleichenden, allmählich fortschreitenden Vermüllung. Die Mitbewohner haben sich längst abgewandt und der vielleicht einmal vorhanden gewesene nachbarliche Kontakt ist kaum mehr in Erinnerung. Der Ekel und der Wunsch nach Beseitigung der Belästigung überwiegen. Die Hilfsbedürftigkeit dieser Menschen wird selten wahrgenommen und ihnen wird selten Interesse entgegengebracht. Selbst wenn der Patient sich freiwillig einer therapeutischen Behandlung unterzieht und die Wohnsituation sich wesentlich verändert, kann die häusliche Gemeinschaft auf Distanz bleiben.

5. Probleme bei einer amtlich angeordneten Betreuung und der Entmüllung

Kommt der Erstkontakt mit einen Patienten aufgrund einer Meldung des Hausverwalters wegen unhygienischer Verhältnisse des Betroffenen zustande, so sehen die meisten Patienten ihr Vorurteil, daß alle Menschen gegen sie arbeiten würden, erneut bestätigt. Ist ein Gespräch mit einem Arzt und den Mitarbeitern der sozialen Dienste nicht möglich und die Vermüllung so weit fortgeschritten, daß Handlungsbedarf besteht, kann ein richterlicher Beschluß über eine Betreuung mit dem Wirkungskreis der Wohnungsangelegenheiten angeordnet werden. Handlungsbedarf ist dann gegeben, wenn Umstände festgestellt werden, die für die Mitbewohner unzumutbar sind, wie Ungeziefer- und Rattenbefall oder ekelerregende Geruchsbelästigung.

Ist zu erwarten, daß der Betroffene die Arbeiten behindern wird, so wird in manchen Fällen die Entrümpelung und Reinigung der Wohnung in Abwesenheit des Patienten durchgeführt. Bei starken Erregungszuständen kann auch wegen Eigen- und Fremdgefährdung, die durch den Zustand der Wohnung begründet ist (z. B. bei akuter Brandgefahr), eine Krisenintervention auf einer geschlossenen Abteilung gerichtlich angeordnet werden. In der Klinik ist dann häufig der Einsatz von Neuroleptika notwendig, um Zugang zu dem Kranken zu bekommen. Für den Patienten wird plötzlich der Lebensstil in Frage gestellt, den er glaubte, leben zu müssen. In der Klinik liegt eine Chance, dem Patienten wieder zu einem Neuanfang zu verhelfen. Aber oft besteht der Unterbringungsbeschluß nur für den Zeitraum der Arbeiten in der Wohnung und anschließend ist es dem Patienten freigestellt, sich weiterbehandeln zu lassen.

In dieser kurzen Zeit von in der Mehrzahl der Fälle einer Woche ist ein therapeutischer Zugang zu dem Patienten noch nicht herzustellen, so daß meist sein Wunsch nach Entlassung größer ist als der, weiterbehandelt zu werden. Hier beginnt dann die Arbeit des sozialen Dienstes oder des Hausarztes.

Die Leere der Wohnung wird oft als Katastrophe erlebt, Panikzustände können auftreten. Ansätze einer eventuellen Therapiebereitschaft in der Klinik sind dann ambulant kaum mehr realisierbar. Der Patient fängt erneut zu sammeln an und verschließt sich wieder der Umwelt.

Die Konfrontation mit dem richterlichen Beschluß der Entmüllung stößt den Patienten in eine Realität, die er längst vergraben hat. Der radikale Eingriff muß folglich auch traumatisch erlebt werden. Der Patient steht schutzlos der Realität gegenüber.

Ein Klinikaufenthalt würde dem Patienten in seiner Situation gerechter werden und eine längere klinische Behandlung wäre sinnvoll. Die akute Eigen- und Fremdgefährdung durch die Wohnsituation ist zwar behoben, aber das innere Chaos und die damit verbundene Selbstgefährdung nicht. Auch wenn der Patient nicht suizidal erscheint, so besteht aufgrund der ungeklärten psychischen Ursachen der Vermüllung die Gefahr, daß er erneut einen Rückfall erleidet bzw. erneut vermüllt. Eine amtliche Betreuung für den Wirkungskreis der Heilbehandlung und der Aufenthaltsbestimmung wäre in diesem Falle anzuraten.

Eine spätere ambulante Betreuung wäre in Verbindung mit einer Hauspflege bis zur Stabilisierung der psychischen Situation vorstellbar. Auch bei chronischen Verläufen könnte der Patient über eine klinische Erfahrung lernen, mit Hilfsangeboten zu leben.

In der Klinik besteht eher die Möglichkeit, eine längerfristige therapeutische Behandlung durchzuführen. Therapieangebote wie Pharmakatherapie, Verhaltenstherapie, orientiert analytisch-aufdeckende Therapieformen und andere therapeutische Verfahren können dem Patienten eine Chance zur Veränderung des Lebens eröffnen.

Das alles kann natürlich nicht darüber hinwegtäuschen, daß ein solcher Patient eine äußerst schwierige Persönlichkeitsstruktur besitzt, wie die dokumentierten Fälle und Berichte in der Literatur zeigen. Eine therapeutische Behandlung kann nur er selber zulassen.

VIII ÜBERPRÜFUNG PSYCHIATRISCHER DIAGNOSEN ANHAND VON FALLBEISPIELEN

Die bisher beschriebenen Fallgeschichten machen deutlich, wie schwierig es ist, eine exakte Diagnose nach dem ICD-Schlüssel (Diagnosenschlüssel und Glossar psychiatrischer Krankheiten, Stand 1979) zu stellen. In den Akten des Sozialpsychiatrischen Dienstes wurde das Krankheitsbild folgendermaßen beschrieben:

„Unreife Persönlichkeit mit Verwahrlosungstendenz (ICD 301.8) und Störung des Sozialverhaltens mit Zwangscharakter (ICD 312.2)."

Die Verwahrlosungstendenz sollte auf die Vermüllung der Wohnung hinweisen und die Störung des Sozialverhaltens mit Zwangscharakter auf die beschriebenen kleptomanischen Handlungen.
Auch der neue ICD Schlüssel von Juli 1999 enthält keine Ziffer mit dem Hinweis einer Vermüllung.

Mit der Diagnose einer Verwahrlosungstendenz wird die Wichtigkeit des Ausmaßes und des Stellenwertes der Symptomatik verkannt. Gerade bei dieser Patientin lag ein biographischer Einschnitt vor, der der Vermüllung oder Dekompensation ihrer häuslichen Verhältnisse vorausging (s. Fallbeispiel S. 34).
Ein Nicht-mehr-weggeben- oder -wegwerfen-Können kann bis zur Verwahrlosung im weitesten Sinne führen, wenn selbst der Müll nicht mehr weggeworfen werden kann. Wie bereits erwähnt, war das Sammeln von Unrat in dem beschriebenen Fall durchaus keine Handlung, in der die Patientin absolute Willkür walten ließ (wie im Falle einer Verwahrlosung). Der Sammelvorgang war vielmehr Ausdruck einer bestimmten Psychodynamik.

Fallbeispiel:
In einem Fall wurde die Diagnose einer schweren Zwangsneurose gestellt. Zusätzlich zu dem seit Jahren bestehenden Waschzwang entwickelte die Patientin einen Sammeltrieb, der die Wohnung zum Sammellager machte, die schließlich auch vermüllte. Neben dem täglichen Müll wurde auch der in

84

Säckchen eingewickelte eigene Kot gesammelt. Alkohol wurde als Möglichkeit der Loslösung von den Zwängen erlebt.

Die Aussage der Patientin, daß sie sich nicht entschließen könne, etwas wegzuwerfen, weil sie sich nicht davon trennen könne, und das Erscheinungsbild der Wohnung deuteten darauf hin, daß sie neben der Zwangsneurose noch ein weiteres Krankheitssymptom entwickelt hatte. Die Zwangsneurose zeigt eher Dekompensationsanzeichen (s. Labhardt[64]). Der Hinweis auf die Vermüllungserscheinungen würde auch hier zu einer klareren Diagnose beitragen.

Fallbeispiel:
In einem weiteren Fall war eine etwa 70jährige Frau, die an einer endogenen Depression litt, seit sieben Jahren wegen ihrer vermüllten Wohnung bei der Behörde bekannt. Ihrer Dekompensation ging der Tod des Ehemannes voraus, der starb, als die Patientin 60 Jahre alt war. In der Schilderung der Wohnungssituation fiel auf, daß ein starker, vom Unrat ausgehender Verwesungsgeruch bestand. Das äußere Erscheinungsbild der Frau zeigte starke Verwahrlosung, sie war völlig mit Kot beschmiert. Im Gespräch, daß erst nach mehreren Anläufen zustande kam, stellte sie ihre Ehe als nicht sehr positiv dar. Enttäuschungen aus der Jugendzeit und Kindheitserinnerungen fielen der Patientin wieder ein.
Regelmäßige Hausbesuche von Mitarbeitern des Sozialpsychiatrischen Dienstes bewirkten eine Verbesserung der Wohnungssituation. Die Frau schaffte es, den Müll zu entfernen. Nachdem allerdings die Hausbesuche unterbrochen worden waren, vermüllte die Wohnung innerhalb eines Jahres wieder vollständig.
Eine Anzeige der Hausbewohner bei der Polizei über einen Mann, der die Patientin belästige und regelmäßig Geld fordere, wurde an die Behörden weitergeleitet. Bei einem Hausbesuch verteidigte sie den Kontakt zu jenem Mann, da sie sonst niemanden habe, der sich um sie kümmere.

Bei dieser Patientin wird der reaktive Anteil an der Erkrankung sehr deutlich. Zwar war sie von sich aus nicht in der Lage, Kontakt zu

---

[64] Labhardt (1973), S. 30

anderen Menschen aufzunehmen, ließ aber einen angebotenen regelmäßigen Kontakt zu. Für den Erstkontakt mit dem Amt waren einige behutsame Versuche notwendig, ehe sie ihn zulassen konnte. Die Vermüllung stellte für diese Patientin eine Kompensation des Traumas der Trennung, das durch den Tod des Ehemannes ausgelöst worden war, dar. Diese absolute Trennung weckte die Erinnerung an weitere traumatische Trennungen. Ihre leibliche Mutter hatte sie in Pflege gegeben, also verlassen, und ihre Jugendliebe verließ sie ebenfalls. Jetzt war sie wieder verlassen worden.

Ein Hilferuf an die Außenwelt konnte nur durch den von ihrer Wohnung ausgehenden Gestankes erfolgen. Der Lebenswille war dennoch so groß, daß sich nach einigen Besuchen der Behörden die Vermüllungssymptomatik zurückbildete. Eine stabile Betreuung, die wahrscheinlich lebenslang notwendig sein wird, würde diese Patientin wieder lebensfähig machen.

Das Vermüllungssyndrom basiert auf einer reaktiven Depression, die lebensgeschichtliche traumatische Ereignisse erneut akut werden ließ. Die Diagnose der endogenen Depression ist bei dieser Patientin in Frage zu stellen. Einer Chronifizierung der Vermüllungssympomatik könnte vorgebeugt werden, da die Patientin einen einfühlsamen Kontakt annehmen kann.

IX GEMEINSAMKEITEN UND ABGRENZUNGEN ZU ZWANGSSYNDROM, SAMMELTRIEB, SAMMELSUCHT UND VERWAHRLOSUNG

1. Zwangssyndrom

Innerhalb der Zwangssyndroms soll hier nur auf die Zwangshandlungen eingegangen werden. Im allgemeinen führen sie eine Verminderung von Verschmutzung und Unordnung herbei. Der Patient erlebt, daß bestimmte wiederkehrende, von ihm ausgeführte Handlungen seine Angst vermindern können. Diese Zwangshandlungen erlebt der Patient oft als unsinnig oder nicht verstehbar, sie sind für ihn Ich-fremd, aber dennoch kann er nicht auf sie verzichten. Der Zwang dient der Angstabwehr und soll vor Schlimmerem bewahren. Die Symptome stellen Kompromisse konflikthafter Triebwünsche dar.

Für den Therapeuten sind Zwangsneurotiker schwer zugänglich, weil ihre Persönlichkeitsstruktur starr und unelastisch ist. Zwangsneurosen haben häufig eine ungünstige Prognose, auch bei psychotherapeutischer Behandlung. Von Psychotikern werden Zwangsphänomene oft weniger als Ich-fremd erlebt.

Die Vermüllung stellt ebenso wie Zwangshandlungen einen Abwehrvorgang dar, der Angst auffangen soll. Am deutlichsten wird diese Abwehrfunktion in der aufkommenden Panik vieler Patienten bei einer Entmüllung. In den seltensten Fällen besteht aber eine Krankheitseinsicht. Die Patienten spüren auch selten einen Leidensdruck aufgrund der Vermüllung.

Die Problematik der Vermüllung liegt weniger im Sammeln als in der Unfähigkeit, etwas wegwerfen und weggeben zu können. Das ästhetische Gefühl ist verloren gegangen. Nicht ein zwanghaftes Handeln bietet hier den psychischen Schutz, sondern der äußere Zustand der unmittelbaren Umgebung, der einem allmählichen Verfall ausgesetzt ist, insbesondere, wenn auch Nahrungsabfälle aufbewahrt werden.

Die intrapsychische Problematik liegt beim Vermüllungssyndrom auf einer anderen Ebene als bei einem Zwangskranken. Der „vermüllte" Patient glaubt, alle in seinem Leben anfallenden Abfälle aufbewahren zu müssen bis zu dem Tag, an dem er wieder die Fähigkeit erlangt, selbst das Brauchbare vom Nichtbrauchbaren trennen zu können. Die Vorwegnahme dieses Zeitpunktes durch eine behördlich angeordnete Entmüllung raubt ihm wahrscheinlich die Hoffnung, seinen intrapsychischen Zustand selbst wieder ordnen zu können. Hinter der Angst, den Müll zu verlieren, vermute ich einen eventuell durch eine Trennung, besonders durch den Tod nahestehender Menschen, hervorgerufenen Identitätsverlust, den der Müll ausgleichen soll. Das Aufbewahren von Abfall steht symbolisch für das Bestreben des Patienten, den Tod nicht zuzulassen oder ihn gar rückgängig machen zu wollen. Wertloses, der Verwesung preisgegebenes Material wird für wertvoll erklärt und der Aufbewahrung für würdig befunden.

Freud[65] beschreibt die Depression (bzw. Melancholie), welche sich nach dem Verlust naher Angehöriger einstellt, als fehlgeleitete Trauerarbeit. Dem Depressiven gelingt es nicht, die im Ich gestaute Libido bzw. die Objektrepräsentanz des verlorenen Angehörigen aus dem Ich abzuziehen. Der Patient muß befürchten, bei dem Versuch der Trennung von dem Verstorbenen auch sich selbst zu verlieren. Die fehlgeleitete Trauerarbeit ist Ausdruck der Nichtanerkennung des Todesfalles, sie kommt dessen vollständiger Verdrängung gleich.

Diese intrapsychischen Vorgänge finden bei Patienten mit Vermüllungssyndrom in veräußerlichter symbolischer Form statt, sie sind sozusagen materialisiert worden. Der Müll, der als eine nicht trenn- und unterscheidbare Anhäufung von Wertvollem und Unbrauchbarem erlebt wird, ist die äußere Repräsentanz der im Ich gestauten Libido. Die häufig bekundete Absicht, später einmal das gehortete

---

[65] Freud (1917e), S. 193

Material sortieren zu wollen und Unbrauchbares wegzuwerfen, stellt im Grunde genommen die Absicht des Patienten dar, die libidinös besetzte Objektrepräsentanz des Verstorbenen aus dem Ich zu entfernen bzw. abzuziehen, um wieder lebensfähig zu sein. Da gerade dies dem Patienten aufgrund der Identifikation mit dem Verstorbenen eigentlich unmöglich ist, kommt eine behördlich verordnete „Entmüllung" dem eigenen Tod gleich. Dies erklärt die Panik vieler Patienten in diesen Fällen.

2. Sammeltrieb und Sammelsucht

Der Sammeltrieb gilt als krankhafte Neigung, bei der Gegenstände ohne Rücksicht auf ihre Brauchbarkeit eingesammelt und aufbewahrt werden. In der Literatur wird ein solcher Sammeltrieb als Begleitsymptom von schweren Schwachsinnsformen, von Alzheimerscher und Pickscher Krankheit sowie – selten – von Involutionsdepressionen beschrieben. Die Kranken vergessen die gesammelten Gegenstände und vermissen sie nicht, wenn sie ihnen fortgenommen werden. Dieses Charakteristikum kann als deutlichstes Unterscheidungsmerkmal zum Vermüllungssyndrom angesehen werden. Eine besondere Form des Sammeltriebs kann bei Kleptomanen und Fetischisten beobachtet werden, die sich oft große Sammlungen gleichartiger Gegenstände anlegen, die für sie einen emotionalen, symbolischen oder erotischen Wert besitzen.

Zu unterscheiden ist der Sammeltrieb von der Sammelsucht, bei der eine leidenschaftliche Neigung besteht, Gegenstände einer bestimmten ästhetischen oder wissenschaftlichen Richtung zu sammeln. Diese Sammelsucht kann einen Menschen so stark beherrschen, daß er dafür Bindungen zu nahestehenden Menschen aufgibt. Charakteristisch ist bei der Sammelsucht der Wunsch nach systematischer Ordnung des Besitzes. Die Auswahl der gesammelten Gegenstände bezieht sich meist auf gesellschaftlich anerkannte Wertobjekte.

Für den „vermüllten" Patienten stellt seine Sammlung einen rein persönlicher Wert dar. Manchmal glauben die Betroffenen allerdings auch, daß sich unter dem Müll ein zunächst nicht sichtbarer Schatz befände.

3. Verwahrlosung

Verwahrlosung wird als ein generalisiertes und persistentes Sozialversagen definiert. Verschiedene Autoren unterscheiden Verwahrlosung mit autoplastischen (auf die eigene Person bezogenen) von einer solchen mit alloplastischen (auf die Umwelt bezogenen) Symptomen. Die autoplastischen Merkmale weisen eher auf eine psychische Labilität oder emotionale Verkümmerung hin, während die alloplastischen Merkmale mehr den Zustand der eigentlichen „Verwahrlosung" beschreiben. Diese kann in zwei weitere Unterteilungen aufgegliedert werden, nämlich in die der asozialen Verwahrlosung (dazu gehören vor allem Haltlosigkeit, mangelhafte Motivation zur Hausarbeit, Alkoholmißbrauch) und die der antisozialen Verwahrlosung. Hierzu zählen aggressive Handlungen wie beispielsweise Mißhandlung von Personen, Beschädigung von Objekten und gehäufte Delikte.

Bei den Verwahrlosten fällt in den meisten Fällen eine Vernachlässigungn des äußeren Erscheinungsbildes auf. Die Wohnungen und Unterkünfte werden häufig gewechselt. In den Wohnungen ist eher eine Leere im verschmutzten Zustand festzustellen, als daß es ein Zuviel gäbe. In der Eigenanamnese der Verwahrlosten fällt ein hoher Prozentsatz von Heimerziehung in der Kindheit auf (eine Studie von Bala[66] zum Thema Verwahrlosung bei Jugendlichen fand bei den Probanden einen Anteil von ca. 65 % Heimerziehung).

Die biographische Anamnese in meiner Erhebung wies drei Patienten auf, die im Heim erzogen wurden, davon waren zwei männlichen Geschlechts. Bei den Männern fielen Eigenschaften wie aggressive Verhaltensweisen und eine kriminelle Neigung auf. Bei der

---

[66] Bala (1973), S. 143

90

Patientin nahmen Alkoholmißbrauch, Haltlosigkeit, wechselnde Arbeitsstellen und Männerbekanntschaften eine prägende Rolle in der Biographie ein. Bei diesen Patienten zeigten sich neben dem Vermüllungssyndrom Symptome der Verwahrlosung mit alloplastischen Merkmalen.

Eine Dekompensation der Zwangsneurose in Richtung Vermüllung wurde von Labhardt[67] beschrieben. Auch bei den anderen besprochenen Krankheitsbildern (Sammeltrieb, Sammelsucht, Verwahrlosung) gibt es Überschneidungen und Erweiterungen der Symptomatik, die dem Erscheinungsbild des Vermüllungssyndroms sehr nahe kommen. Diese Erkenntnis kann als ein weiteres diagnostisches Merkmal dienen und die therapeutische Arbeit erleichtern.

---

[67] Labhardt (1973), S. 30

X SCHLUSSBEMERKUNGEN

1. Zusammenfassung der Ergebnisse

Die erste These, daß Vermüllung als Syndrom eine Reaktion auf ein Trauma und eine Veräußerlichung des inneren Zustands nach der Traumatisierung darstellt, sehe ich in den ausgewerteten Fällen bestätigt; ebenso, daß die Vermüllung nicht lediglich eine Form der Verwahrlosung, sondern ein psychiatrisch relevantes Krankheitsbild (Syndrom) ist. Die Erkrankung zeigt charakteristische Merkmale, dazu gehören:

1. Soziale Isolierung
2. Müll als Entlastung von seelischer Problematik
3. Panikreaktion bei Entmüllung.

Aus der statistischen Auswertung der Fälle (soziale Anamnese, s. S. 28-29), ist zu ersehen, daß die Lebensläufe von 63 % der in diese Studie aufgenommenen Personen (19 von 30) erhebliche traumatische Ereignisse (z. B. Todesfälle) aufweisen, die als Auslöser für die Vermüllungsproblematik angesehen werden können.

Diese erste These stellt für mich die Kernaussage dieser Arbeit dar. Gerade weil das Syndrombild eine veräußerlichte Manifestation inneren Erlebens ist, kann es auch den Realitätssinn der Patienten erheblich beeinflussen. Da, wie ich meine, der gehortete Müll einen symbolischen Ersatz für den Verlust einer lebenswichtigen Person, z. B. einen Angehörigen, darstellt, wird vom Patienten auf das vermeintliche „Hilfsangebot", den „Müll" zu entfernen, mit Panik reagiert, weil sich in diesem Falle im Erleben des Patienten das Trauma des Verlustes wiederholen würde. Ein Hilfsangebot wird nicht nur aus Mißtrauen oder Scham zurückgewiesen, sondern vom Betroffenen auch als ein erneuter Versuch, ihn zu traumatisieren, erlebt. Das mißtrauische, herrisch-unzugängliche Wesen der Patienten wäre dann nur eine sekundäre Folge der Erkrankung.

Die These, daß der gehortete Müll einen symbolischen Ersatz für einen erfahrenen Verlust darstellt, würde auch erklären, warum die Patienten gerade Müll zum Objekt ihrer Sammelleidenschaft wählen. Wichtig ist für sie der Prozeß der symbolischen Verlebendigung toten oder unbrauchbaren Materials. Die Zurücknahme von weggeworfenen und „bestatteten" Objekten in den Wohnbereich bedeutet in diesem Falle eine Verlebendigung, eine symbolische Aufhebung des Verfallprozesses. Es wurde bereits mehrfach erwähnt, daß die Patienten keineswegs der Meinung sind, sie sammelten Müll oder Unbrauchbares. Für sie handelt es sich um wertvolle Objekte, die später einmal sehr nützlich seien könnten.

Die zweite These beschreibt verschiedene Vermüllungstypen. Dazu gehören die intensive Sammeltätigkeit mit eigener Systematik, die Vermüllung ohne erkennbare Systematik und die Vermüllung der Wohnung bis zur Unbewohnbarkeit. Diese Unterteilungen wurden in der Fallauswertung bereits näher erläutert (s. S. 64).

Die dritte These, das Vermüllungssyndrom werde sowohl bei älteren als auch bei jüngeren Menschen angetroffen, wird durch die Tabelle (S. 54) , die die Fälle nach Alter und Geschlecht aufschlüsselt, verifiziert.

In der vierten These wird davon ausgegangen, daß die Diagnosestellung durch das Syndrombild der Vermüllung verändert bzw. erweitert werden kann. Neben Kapitel VIII, in dem die Überprüfung einiger psychiatrischer Diagnosen mit Fallbeispielen beschrieben ist, wird in den Fallbeispielen im Anhang eine eigene Einschätzung der Diagnoseänderung bzw. -erweiterung gegeben. Die Vermutung, daß eine hohe Dunkelziffer bezüglich der Neurotiker besteht, halte ich aufrecht.

Bei psychisch Kranken kann das Vermüllungssyndrom als eine alloplastische Störung betrachtet werden. Die häusliche Umwelt wird verändert, die Vermüllung ist lebenseinschränkend und lebensgefährdend, wenn Herd, Bett, Waschgelegenheiten und die Toilette durch die Anhäufung des Mülls nicht mehr benutzbar sind. Diese Störung ist für den Betreffenden irreversibel und kann nicht durch autoplastische Bezüge ersetzt werden, d. h. es findet keine Veränderung der seelischen Struktur bei der Auseinandersetzung mit der Außenwelt statt. Der Patient ist unfähig, die Ordnung seiner Wohnung wiederherzustellen. Die Fähigkeit zum Sortieren in Brauchbares und Unbrauchbares ist verlorengegangen.

Der Vermüllungszustand stellt einen Defekt im Sinne einer Grundstörung (Balint[68]) dar. Ein innerer Konflikt, wie A. Freud[69] ihn beschreibt, wird nicht erlebt, sondern die Vermüllung ist eine konkrete materielle Widerspiegelung des inneren Zustandes des Betroffenen. Dieser innere Zustand, z. B. Angst oder innere Unruhe, wird durch seine Entsprechung im Gegenständlichen (Vermüllung) teilweise kompensiert. Die Patienten erleben daher keinen Leidensdruck und besitzen auch keine Krankheitseinsicht.

Nach Freud[70] und Henseler[71] liegt eine Störung der Libidoentwicklung vor, die im Primär-Zustand lokalisiert werden kann. Der Patient regrediert auf eine frühkindliche Entwicklungsstufe, in der das Ich nur als lustvoll, die Objektrepräsentanzen hingegen nur als unlustvoll erlebt werden. Es liegt hierbei eine Störung in der Realitätsempfindung vor, denn alles Unlustvolle des Ich wurde auf dieser Stufe der libidinösen Entwicklung in die Objektwelt projiziert (purifiziertes Unlust-Objekt) und alles Lustvolle der Objekte hingegen in das Ich introjiziert (purifiziertes Lust-Ich). Dies erklärt, warum vermüllte Patienten immer wieder als mißtrauisch, mürrisch und beziehungsarm beschrieben werden.

---

[68] Balint (1973), S. 32
[69] Freud, A. (1988), S. 123-126
[70] Freud (1915c), S. 98
[71] Henseler (1973), S. 56

2. Ausblick auf zukünftige Forschungsprojekte

Wird eine psychische Dekompensation eines Patienten mit einer beginnenden Vermüllung frühzeitig erkannt, ist die Chance, die psychodynamischen Hintergründe aufzuspüren, größer als bei einem schon fortgeschrittenen Vermüllungsgrad. Eine begleitende Forschung über einen längeren Zeitabschnitt könnte noch mehr Information über die symbolische Bedeutung des Mülls und auch über die eventuellen Auswahlkriterien der Patienten (z. B. Leergut wie Dosen oder Flaschen, Behälter, Kartons, Zeitungen, Essensreste) liefern.
Die Erfassung der Dunkelziffer, die sich vor allem auf neurotische Patienten, die zum Teil noch ein intaktes Leben führen, bezieht, wäre von großer Bedeutung. In diesen Fällen könnte am ehesten der niedergelassene Hausarzt durch ein feines Gespür in einem Anamnesegespräch Kenntnis über eine sich anbahnende Vermüllung erhalten. Die Hinzuziehung von psychotherapeutisch arbeitenden Kollegen wäre in solchen Fällen dringend angeraten.

3. Gesellschaftlicher Aspekt

Bisher wurden als Ursachen für eine Vermüllungsproblematik individuelle biographische Ereignisse bzw. Traumata genannt. Es ist aber hinreichend bekannt, daß Patienten aus unterschiedlichen historischen Epochen und unterschiedlichen Gesellschaftsformen verschiedene historisch und gesellschaftlich determinierte Formen von Psychosyndromen aufweisen. So ging z. B. das von Freud beschriebene Krankheitsbild der Hysterie im Verlaufe des 20. Jahrhunderts zurück zugunsten von psychosomatischen Erkrankungen, die nun eine höhere soziale Akzeptanz aufweisen.
Auch beim Vermüllungssyndrom, das wahrscheinlich im 20. Jahrhundert entscheidend zunahm, ist ein Zusammenhang mit veränderten gesellschaftlichen Verhältnissen zu vermuten. Die Tatsache, daß verschiedene Patienten auf individuelle Traumata beispielsweise nicht mit einer Depression, sondern mit einer Vermüllungspro-

blematik reagieren, halte ich für gesellschaftlich determiniert. Eine zunehmende Vermüllung kann so gesehen als Reaktion auf die zunehmenden Zwänge der modernen Leistungsgesellschaft hinsichtlich individueller Systematik und Disziplin angesehen werden.

Bei keinem der in dieser Studie angeführten Fälle kann man indes von einer Vermüllung als einer bewußten Verweigerungshaltung gegenüber erhöhten sozialen Zwängen sprechen. Es ist eher zu vermuten, daß Vorbilder mit einer entsprechenden Einstellung Einfluß auf die Vermüllten ausübten. Viele Vermüllten äußerten, der von ihnen gesammelte Müll stelle einen hohen Wert dar. Diese Meinung beeinflußte möglicherweise die Kunstrichtung des Dadaismus.

Nach dem Desaster des Ersten Weltkrieges, der alle bisher gültigen bürgerlichen Wertvorstellungen in Frage stellte, hatten die Protagonisten des Dadaismus versucht, dem Bürger durch die Propagierung scheinbar irrwitziger Kunstwerte die Absurdität seiner eigenen Wertvorstellungen deutlich zu machen. Man sammelte allerhand Abfallprodukte und fertigte mit ihrer Hilfe Kunstwerke an. Diese Kunstrichtung entwickelte sich bis zur bloßen Zurschaustellung von Müll oder auch verderblichen Materials (etwa bei Joseph Beuys). Die Absurdität, daß eine solche „Müllkunst" quasi nur durch das Aussortieren und die Aura des Künstlers zu international hoch versicherten und geschätzten Kunstwerten avancieren kann, ist sicherlich nicht ohne Einfluß auf die Einstellung mancher Vermüllter zu den von ihnen gesammelten „Objekten" geblieben.

XI NACHWORT

Parallel zu den wissenschaftlichen Bemühungen, dem Krankheitsbild näherzukommen – es gibt weltweit immer wieder Studien in
englischer Sprache zu dem Begriff des Diogenes-Syndroms, die
sich hauptsächlich mit Vermüllung bei älteren Patienten auseinan-
dersetzen – hat sich eine ganz eigene Bewegung von Seiten der
betroffenen Patienten etabliert.
Vorreiterin dieser Selbsthilfebewegung war die amerikanische Son-
derschulpädagogin Sandra Felton, die als berufstätige Mutter mit
drei Kindern nach 23 Jahren Ehe selbst zum Vermüllungspatienten
geworden war. Sie entwickelte ein Konzept, um einen Weg aus dem
Chaos zu finden. In Büchern schilderte sie ihre eigene Lebenssitua-
tion und machte anderen Betroffenen Mut, die Starre zu lösen. Bereits Anfang der 80er Jahre gründete sie in den USA eine Selbsthilfegruppe, aus der inzwischen eine Bewegung entstanden ist. Bereits
mehr als 28.000 Menschen organisieren sich in den USA nach dem
Vorbild von Sandra Felton.
Die Gruppen nennen sich „Messiegruppen". „Mess" heißt im Engli-
schen „Unordnung", „Durcheinander". In ihren Büchern beschreibt
Felton die Probleme der „Messies" mit den kleinen Dingen des
Alltags und entwickelte ein Programm zum Aufräumen. Sie ist der
Ansicht, das die Betroffenen chaotische Denkmuster haben. Meist
seien es offene und intelligente Menschen mit vielseitigen Interessen. In Deutschland gibt es inzwischen etwa 30 Selbsthilfegruppen,
die nach dem Prinzip der Anonymen Alkoholiker organisiert sind.
Die ersten Gruppen in Deutschland wurden 1996 gegründet.
Der größte Erfolg dieser Bewegung ist, daß viele betroffene Menschen durch den Kontakt zu einer Selbsthilfegruppe die Scham
überwinden können, über den Zustand der eigenen Wohnung zu
sprechen, und eigene Konzepte mit Hilfe anderer Betroffener zu
überlegen. Dadurch können sie eine oft jahrelange soziale Isolation
überwinden. Die Gruppen geben auch die Gelegenheit, wieder zu
lernen, Hilfe anzunehmen.
In Einzelfällen ist zu überlegen, ob professionelle Hilfe durch einen
ärztlichen oder psychologischen Psychotherapeuten oder Psycho-

analytiker ratsam ist für die psychische Stabilität. Fachärztliche Abklärung und Hilfe ist dringend in solchen Situationen zu empfehlen, in denen sich deutlich depressive Symptome, Ängste oder schwere weitere psychische Störungen entwickeln und die Verzweiflung des Betroffenen nicht durch die Gruppe aufgefangen werden kann. Dies kann beispielsweise nach einer Aufräumaktion eintreten.

Auch die Öffentlichkeit ist auf das Thema aufmerksam geworden. In den Medien (Fernsehen und Zeitungen) wird immer wieder über dieses Thema berichtet und diskutiert. Verfolgt man die Artikel und Sendungen fällt auf, daß der Vermüllungszustand immer wieder in ähnlicher Weise beschrieben und gezeigt wird. Auch werden oft Auslösemomente genannt, wie z. B. Tod oder Trennung des Partners oder andere lebensbiographische Ereignisse. Es fehlt aber doch meistens deutlich der Hinweis, daß die seelische Störung tief in der Persönlichkeitsentwicklung verankert ist und die Betroffenen in vielen Fällen der therapeutischen Behandlung bedürfen, um wieder ein unabhängiges und selbstbestimmtes Leben führen zu können.
Mir gefällt insofern der Vergleich mit den Anonymen Alkoholikern nicht. Bei den Messies kann man nicht von Abhängigkeit im engeren Sinne sprechen, auch wenn die Neigung zum Sammeln tatsächlich in vielen Fällen auch nach einer Verbesserung der Situation weiterbestehen bleibt. Es ist eindeutig kein Suchtverhalten, sondern es handelt sich um einen Versuch, die inneren, nicht verstandenen Konflikte auf diese Weise zu kompensieren.
In diesem Sinne soll das Buch eine Ergänzung zu den bisherigen Publikationen sein. Es soll auch den Betroffenen selbst Mut machen, weitere eigene Schritte zu gehen und den Behandler anregen, sich dem Problem mit aller Behutsamkeit zu nähern.

XII. ANHANG:
ZWEI BEISPIELE VON VERMÜLLUNG

Die beiden Fallbeispiele wurden nach folgenden Gesichtspunkten systematisch gegliedert:

- Soziale und Eigenanamnese: Familienanamnese, Neufamilie (Heirat, Kinder, Scheidung), Bildungsweg, Arbeitsverhältnisse, Wohn- und Einkommensverhältnisse, Todesfälle, wichtige biographische Ereignisse, Interessen, Sexualität, Krankenhausaufenthalte
- Befunde: körperliche Befunde, äußere Erscheinung und Verhalten, Kontaktaufnahme, Mnestik, Aufmerksamkeit und Konzentration, Wahrnehmung und Sinnestäuschung, Denken, Intelligenz, Ich-Störung, Zwänge und Phobien, Antrieb, Stimmung und Affekt, krankhaftes Erleben, besondere Verhaltensweisen
- Diagnostik und Therapie
- Angaben über die Vermüllung: Schweregrad, Entstehungsweise, Beschreibung der Vermüllung
- Verlauf des Vermüllungssyndroms

Fallbeispiel 1

1.1 Soziale und Eigenanamnese

Es handelt sich um eine unverheiratete Patientin von Mitte 40. Sie ist Mutter von drei Kindern, die sie im Alter zwischen Anfang 30 und 40 Jahren geboren hat. Nach dem Abitur studierte die Patientin zunächst, brach im 30. Semester das Studium aber ab. Zur Zeit lebt die Familie von Sozialhilfe. Als Hobbys gibt die Frau das Lesen von Zeitschriften und Büchern an.

1.2 Befunde

Das Verhalten der Patientin ist relativ unauffällig. Es fällt auf, daß sie redegewandt ist.

1.3 Diagnostik und Therapie

Diagnostiziert wurde eine Borderline-Störung, die nicht Psychose-nah gelagert ist, sondern sich eher in einem chaotischen Lebensstil manifestiert.

1.4 Angaben über die Vermüllung

In der Wohnung herrscht ein schwerer Vermüllungsgrad. Die ange-häuften Mengen sind entstanden durch mangelndes Aussortieren (Rückstau) und Neuerwerb.

1.5 Verlauf

Bereits vor einigen Jahren, als die Patientin 38 Jahre alt war, wurde der Zustand der Wohnung dokumentiert: In den Zimmern befanden sich viele übereinandergestapelte große Umzugskartons, aus denen Kleidungsstücke (schmutzige und saubere), Zeitungen und Spiel-zeug quollen. Der Fußboden war mit schutzigen Papierwindeln, al-ten Brotresten, Zeitungen, Spielsachen und Schuhen bedeckt. Außer umgefallenen Möbeln lagen Koffer, Kleidungsstücke, Schuhe und Kindernahrung auf dem Fußboden. Das Bad war nicht benutzbar, weil es mit Kartons und Zeitungen vollgestellt war. In der Küche stapelten sich Bücher, Zeitschriften, Geschirr, Kleidung und Dosen, in denen teilweise noch Nahrungsreste waren. Der Flur war eben-falls verstellt, zum Teil fehlten die Lichtquellen (Verletzungsgefahr für die Kinder). Die Wohnungstür ließ sich nicht mehr verschließen.

Vier Jahre später hatte sich die Situation insofern verschlechtert, daß die Frau ihren Müll aufbewahrte und außerdem an Sperrmülltagen an die Straße gestellten Müll sammelte und lagerte.

Ein weiteres Jahr später waren alle Räume der Wohnung bis zu einer Höhe von 1,50 Meter mit Unrat gefüllt. Der Zugang zu den einzelnen Räume war unmöglich.

Bei der Besichtigung der Wohnung sagt die Patientin, der mit Papier und anderen Gegenständen bedeckte Boden sei als Strom anzusehen, der an den Ufern Unrat ablagere. Sie sieht die Wohnung wie einen Herbstwald: Blätter fallen und bleiben liegen. Die Frau äußert eigenwillige Anschauungen und Einstellungen, die nicht als krank zu bezeichnen sind. Es besteht keinerlei Leidensdruck, sie ist in keiner Weise gequält. Mit Stolz berichtet sie über die schulischen Leistungen des ältesten Kindes und will ihre Fürsorge gegenüber ihren Kindern beweisen. Immer wieder macht sie Sonderausgaben bei den Ämtern geltend.

Fallbeispiel 2

1.1 Soziale und Eigenanamnese

Die Patientin ist Anfang 30 Jahre alt. Die Eltern leben im gleichen Haus, der Vater ist Alkoholiker. Seit dem 31. Lebensjahr besteht eine Gebrechlichkeitspflegschaft. Die Patientin, von Beruf Schneiderin, ist unverheiratet und hat im Alter von 30 Jahren ein behindertes Kind entbunden.

Seit dem 27. Lebensjahr ist die Frau arbeitslos. Sie gab den Beruf als Schneiderin auf, da sie sich den Akkordanforderungen nicht mehr gewachsen fühlte. Vorher hatte sie zehn Jahre lang im Akkord gearbeitet und wurde dann wegen einer zu spät eingegangenen Krankenmeldung gekündigt. Seit der Kündigung lebt sie von Ersparnissen und stellte weder einer Antrag auf Arbeitslosenunterstützung noch auf Sozialhilfe. Es besteht auch keine Krankenversicherung.

Kurzfristig unterhielt die Patientin eine sexuelle Beziehung zu einem verheirateten Ausländer, von dem sie ein Kind bekam. Zwei Monate hatte die Patientin in einer Nervenklinik verbracht.

1.2 Befunde

Die adipöse Patientin wirkt sehr verhalten. Es fällt eine Kritikschwäche und eine Tendenz zum Bagatellisieren auf. Es besteht ein gering beschleunigter Denkablauf, der weitschweifig und umständlich ist.
Die Patientin wirkt antriebsarm, die Stimmung ist leicht gehoben. Als psychische Störungen wurden ein Sammeltrieb, krankhafte Kleptomanie und Zwangshandlungen diagnostiziert. Völlig unmotiviert und ohne erkennbaren Sinn entwendete die Patientin Gegenstände und wurde deswegen straffällig. So eignete sie sich z. B. bei einem Besuch im Amt aus dem Zimmer der Putzfrau zahlreiche Gegenstände an.

1.3 Diagnostik und Therapie

Im ärztlichen Bericht wird Verdacht auf Störung des Sozialverhaltens mit Zwangscharakter, als Differenzialdiagnose Borderline Syndrom angegeben. Die klinische Diagnose lautet: Unreife Persönlichkeit mit Verwahrlosungstendenz (ICD 301.8) sowie Störung des Sozialverhaltens mit Zwangscharakter (ICD 312.2).
Vor einigen Jahren wurde eine Pflegschaft zum Zwecke der Heilbehandlung und Pflege und Wahrnehmung der Wohnungsangelegenheiten eingerichtet. Die Therapie in der Klinik war verhaltenstherapeutisch orientiert und problemzentriert. So fanden regelmäßige Schrank- und Nachttischkontrollen mit einem Belohnungs- und Bestrafungssystems statt.

102

1.4 Angaben über die Vermüllung

Im Laufe von einem Jahr hatte die Patientin immer mehr Müll angehäuft. Als Mitarbeiter des Amtes sie besuchten – die Frau war damals 29 Jahre alt –, bot sich folgendes Bild: Der gesamte Flur war mit Kartons verschiedener Größen gefüllt. In der ganzen Wohnung waren nur schmale Pfade zum Gehen freigeblieben. Die Küche war ebenfalls mit Kartons und Plastiktüten vollgestellt, und ein übler Geruch hatte sich ausgebreitet. Das Wohnzimmer glich einem Warenlager, die Couch war mit Schaumgummiflocken bedeckt. In den Kartons befanden sich Unmengen von Papiertaschentüchern, Servietten, angefangenen Zigarettenschachteln, Süßigkeiten, leeren Joghurtbechern, Lebensmitteln, Körperpflegemitteln, Seifenresten, Kosmetikartikeln, Briefpapier und anderen Dingen. Mäuse wühlten in den Abfalltüten. Es fanden sich unbrauchbare, vergammelte Lebensmittel und Exkremente von Mäusen und Ratten.

Anschließend wurde eine Desinfektion vorgenommen. Nachdem die Wohnung von der Familie ausgeräumt worden war, sammelte die Patientin innerhalb eines Jahres wieder soviel an, daß die Wohnung wieder mit Gegenständen gefüllt war, darunter auch Diebesgut. Im Haus verbreitete sich erneut Gestank aus, und die Wohnung wurde ebenfalls wieder von Ungeziefer heimgesucht.

Nach der Räumungsklage erhielt die Patientin durch Vermittlung der Eltern eine neue Wohnung. Zum Zeitpunkt dieser Erhebung lebte die Frau seit zwei Monaten dort und bisher besteht keine erneute Vermüllung.

1.5 Verlauf

Die Patientin berichtete, daß sie sich nach Absprache mit dem Hausarzt nach der Aufgabe ihres Berufes in ihre 2-Zimmer-Wohnung, die neben der Wohnung ihrer Eltern liege, zurückgezogen habe, um sich zu erholen und eine andere berufliche Perspektiven zu planen. Sie lebe von Ersparnissen, sei arbeitslos und hätte sich sich aus Furcht, wieder in ihrem alten Beruf vermittelt zu werden, nicht beim Arbeitsamt gemeldet. Andererseits seien alle ihre Überlegungen über eine andere berufliche Perspektive zu keinem Ergebnis gelangt. Weiter erzählte sie, daß sie immer wieder mit Lebensmitteln und sonstigen Waren beschenkt worden sei, die sie dann, um niemanden zu verletzen, in ihrer Wohung aufbewahrt habe. Nachdem Mäuse und Ratten in ihrer Wohnung aufgetaucht seien, habe sie sich zunehmend in die elterliche Wohnung zurückgezogen. Einmal habe sie größere Mengen von Briefumschlägen gefunden, die sie sie aufbewahrte, um darin Fotografien zu sammeln. Die bis unter die Decke sich stapelnden Zeitungen hätte sie aufbewahrt, um sie zu verheizen, doch sei dies an dem ständig durch das Papier verstopften Ofenrohr gescheitert. Sie war nicht krankenversichert.

Auffallend bei dieser Patientin war, dass sie immer wieder durch Rückfragen versuchte, sich zu versichern, den Verdacht des unangemessenen Sammelns zerstreut zu haben. Sie gab sich Mühe, ihr nun offensichtlich gewordenes Verhalten zu erklären bzw. Exzesse dieser Art in Zukunft zu vermeiden. Als erste Maßnahme habe sie sich weitere Präsente ihrer Angehörigen verbeten, einerseits um der Versuchung des Sammelns nicht wieder zu erliegen, andererseits aber auch, um einen Konflikt innerhalb der Familie durch die Zurückweisung der Geschenke zu vermeiden.

Die Patientin fand einen Arbeitgeber, der keine Papiere verlangte, erhielt jedoch einen sehr niedrigen Lohn von nur 4,50 DM die Stunde.

Die Patientin wurde für zwei Monate in einer psychiatrischen Klinik behandelt. Nach der Entlassung aus der Klinik konnte sie bei der alten Firma wieder anfangen, in der sie zehn Jahre gearbeitet hatte. Sie wurde aber bald wegen Diebstahls fristlos entlassen. Trotz des Krankenhausaufenthaltes verschlechterte sich ihr Zustand und sie tauchte für zwei Monate unter. Es wurde eine Räumungsklage ihrer Wohnung gestellt.

Die Eltern, die inzwischen selbst in einer anderen Wohnung wohnten, mieteten der Tochter in dem Haus, in dem sie selbst wohnten, erneut eine Wohnung.

Bibliographie

Antonioni, M. (1965): Die rote Wüste, Sammlung Cinemathek II, Marion von Schröder, Hamburg

Anwar, M. (1978): Nutritional hypovitaminosis-D and the Genesis of Osteomalacia in the Elderly, Journal of the American Geriatrics Society XXXVI, 7: 309-317

Arnheim, R. (1997): Zur Psychologie der Kunst, Kiepenheuer & Witsch, Köln

Baber, W. S. (1966): Patients and their Homes, New Zealand Medical Journal: 384-388

Baglivio, E. et al. (1996): Multiple evanescent white dot syndrome after hepatitis B vaccine. Am J Ophthalmol, Sep; 122(3): 431-432

Balint, M. (1973): Therapeutische Aspekte der Regression, Rowohlt, Hamburg

Balla, W. (1973): Verlauf der Verwahrlosung in psychopathologischer und sozialer Hinsicht, Praxis der Kinderpsychologie und Kinderpsychiatrie, 22: 143-150

Benn, G. (1982): Gedichte, In der Fassung der Erstdrucke, S. Fischer, Frankfurt/Main

Berger, P. L. / **T. Luckman** (1967): The Social Construction of Reality, Penguin Press, Allen Lane

Berlyne, N. (1975): Brief an den Herausgeber des Lancet zum Artikel „Diogenes Syndrome" von Clark (1975), The Lancet: 515

Campbell, R. J. (1989): Psychiatric Dictionary, 6th Edition, Oxford University Press, New York

Chabert M. J. et al. (1992): The Diogenes syndrome, Krankenpfl Soins Infirm, Oct; 85 (10): 9-15

Chardonnens D. et al. (1999): Polycystic ovaries: when to suspect the diagnosis?, Rev Med Suisse Romande, Jun; 119(6): 59-61

Clark A. N. G. (1980): Diogenes syndrome. How to assess severe, self-imposed neglect. Geriatric Medicine, February: 65-67

Clark A. N. G. / G. D. Manikar / I. Gray (1975): Diogenes Syndrome: a clinical study of gross neglect in old age. Lancet, February: 366-368

Clark, Joan (1999): Senile sqallor syndrome: two unusual cases, Journal of the Royal society od Medicine, Vol. 92, March: 138-140

Cole A. J. / T. P. Gilet / A. Fairbairn (1992): A case of senile self-neglect in a married couple: ‚Diogenes a deu‘. Int J Geriatr Psychiatry, 7: 839-841

Coolley, C. / W. Haid (1995): Diogenes syndrome. Age aging, 24: 451-3

Cooney C. et al. (1995): Review: Diogenes syndrome, Age Ageing. Sep; 24(5): 451-453

Cutler, S. J. / W. A. Tisdale (1992): Ethical issues in working with self-neglect. In: Rathbone-McCuan, E. / D. R. Fabian: Self-neglecting elders. London: Auburn house: 27-45

Cybulska E. / J. Rucinski (1986): Gross self-neglect in old age, British Journal of Hospital Medicine, 36 July: 21-25

Cybulska, E. (1998): Senile squalor: Plyushkin‘s not Diogenes‘ syndrome, Psychatric Bulletin, May, Vol. 22: 319-320

Damecour, C. L. / M. Charron (1998): Hoarding: a symptom, not a syndrome, J Clin Psychiatry, 1998 May; 59(5): 267-272

Der Tagesspiegel (15.10.1986): Argenturmeldung

Dettmering, P. (1970): Eine Nebentätigkeit, Praxis der Psychotherapie und Psychosomatik, XV: 249-252 [s. Erste Begegnung mit dem Vermüllungssyndrom, S. 15-19]

Dettmering, P. (1973): Die Rolle des Sozialpsychiatrischen Dienstes bei der Betreuung psychisch Kranker, Der Nervenarzt, 44, S. 26-30 [s. S. 114-126]

Dettmering, P. (1985): Das „Vermüllungssyndrom" – ein bisher unbekanntes Krankheitsbild, Öff. Gesundheitswesen, 47: 17-19 [s. S. 21-28]

Drummond, L. M. / J. Turner / S. Reid (1997): Diogenes syndrome: a load of old rubbish?, Irish Journal of Psychological Medicine, Sept.; Vol. 14(3): 99-102

Eisenberg, L. (1981): A Research Framework for Evaluating the Promotion of Mental Health and Prevention of Mental Illness, Public Health Reports, 96, 1: 3-19

Evans, D. A. (1996): A case of Diogenes syndrome, Behavioral Engeneering, Dec; Vol. 44(12): 1486

Felton, Sandra (1996): Als Messie glücklich werden. So bringen Sie Ordnung in Ihr Leben, Brendow, Moers

Felton, Sandra (1996): Ohne Chaos geht es auch! Das ultimative Praxisbuch für Messies, Brendow, Moers

Freud, A. (1988): Wege und Irrwege in der Kinderentwicklung, 4., unveränd. Aufl., Schriften zur Psychoanalyse und psychosomatischen Medizin 7, Klett-Cotta, Stuttgart

Freud, S. (1896b): Weitere Bemerkungen über Abwehr-Neuropsychosen, in Freud, S.: Gesammelte Werke, chronologisch geordnet, erster Band, Werke aus den Jahren 1892-1899, Imago Publishing, London 1932, S. 377-403

Freud, S. (1909d): Bemerkungen über einen Fall von Zwangsneurose, in: Freud, S.: Studienausgabe, 7, S. 31-103

Freud, S. (1915c): Triebe und Triebschicksale, in Freud, S.: Studienausgabe, 3, S. 75-102

Freud, S. (1917e): Trauer und Melancholie, in Freud, S.: Studienausgabe, 3, Psychologie des Unbewußten, S. 194-212

Freud, S. (1930a (1929)): Das Unbehagen in der Kultur, in Freud, S.: Studienausgabe, 9, S. 192-270

Freud, S. (1982): Studienausgabe, ungekürzte Ausgabe, zehn Bände und ein Ergänzungsband, Fischer, Frankfurt/Main

Gannon, M. / J. O'Boyle (1992): Diogenes Syndrome. Irish Medical Journal, 85(4), 124

Geva, T. et al. (1990): Two-dimensional and Doppler echocardiographic and pathologic characteristics of the infantile Marfan syndrome, Am J Cardiol, May 15, 65(18): 230-237

Gilman, S. L. (1988): Disease and Representation: Images of Illness from Madness to AIDS, Cornell University Press, Ithaca

Goodwin, J. (1983): Common Psychiatric Disorders in Elederly Persons, The Western Journal of Medicine, 139: 502-506

Green, A. (1975): Analytiker. Symbolisierung und Abwesenheit im Rahmen der psychoanalytischen Situation, Psyche, 29: 503-541

Greenberg, D. (1987): Compulsive hoarding, Am J Psychother, 187, Jul, 41(3): 409-416

Grignon, S. et al. (1999): Association of Diogenes syndrome with a compulsive disorder, Can J Psychiatry, Feb, 44(1): 91-92

Henderson Smith, S. L. (1975): Brief an den Herausgeber des Lancet zum Artikel „Diogenes Syndrome" von Clark (1975), The Lancet: 515

Henseler, H. (1973): Zur Entwicklung und Regulation des Selbstwertgefühls (Die psychoanalytische Theorie des narzistischen Systems), in Ohlmeier, D. (Hrsg.): Psychoanalytische Entwicklungspsychologie, Rombach, Freiburg, 51-68

Hofmann, W. (1992): Das Diogenes-Syndrom. Leben zwischen allerlei Krimskrams, Geriatrie Praxis, Vol 4(2): 59-60

Jackson, G. A. (1997): A case of Diogenes syndrome. Journal of Mental Health UK, Apr, Vol. 6(2), 113-116

Johnson, J. / J. Adams (1996): Self-neglect in later Life, Health and Social Care in the Community, 4(4): 26-233

Kafetz, K. (1982): Alcohol Excess and the Senile Sqalor Syndrome, Journal of the American Geriatrics Society XXX, 11: 706

Klosterkötter, J. et al. (1985): Das Diogenes Syndrom, Fortschritte der Neurologie, Psychiatrie Nov, 53(11): 427-434

Kocher, Y. / M. J. Chabert (1993): Le syndrome de Diogene, Gerontologie et societe, 64: 132-144

Kretschmer, E. (1949): Psychotherapeutische Studien, Thieme, Stuttgart

Kummer, J. / L. Gundel (1995): Störungen des Schlaf-Wach-Rhythmus im Rahmen eines Diogenes-Syndroms. Verbesserung der Schlafarchitektur durch unterstützende Behandlung mit Zolipdem, Fortschritte der Medizin, 113(10): 149-150

Labhardt, F. (1973): Der allgemeine Umgang mit Zwangskranken in Praxis und Klinik, Praxis der Psychotherapie XVIII, 1-6: 25-37

Lupton, D. (1994): Medicine as Culture: Illness, Disease and the Body in Western Societies, Sage, London

MacMillan, D. / P. Shaw (1966): Senile breakdown in standards of personal and environmental cleanliness. British Medical Journal, 2: 1032-1037

Mann, Th. (1963): Sämtliche Erzählungen, S. Fischer, Frankfurt/Main

Mayer, E. et al. (1999): A pure case of Gerstmann syndrome with a subangular lesion, Brain, Jun, 122(Pt 6): 1107-1120

Moore, N. C. (1974): Psychiatric Illness and Living in Flats, British Journal of Psychiatrie, 125: 500-507

Melendro, J. C. / P. S. Malo / J. V. R. de Azagra / J. M. Gasca (1976): Sindrome de Diogenes: Un cuadro frecuente en la viejez y poco conocido, Actas Dermo-Sifiliograicas, 6 Mar-Apr, 67(3-4): 225-232

Moore, R. (1989): Diogenes sindrome, Nurs Times, Jul 26-Aug, 85(30): 46-48

O'Mahony, D. et al (1994): Diogenes syndrome by proxy, Br J Psychiatry, May, 164(5): 705-706

O'Shea, B. / J. Falvey (1997): Diogenes' syndrome: Review and case history, Irish Journal of Psychological Medicine, Sept, Vol 14(3): 115-116

Oates, J. C. (1988): Unheilige Liebe, dtv, München

Perman, J. M. (1966): Phobia as a Determinant of Singel-Room Occupancy, American J. Psychiat, 123: 609-613

Peters, U. H. (1984): Wörterbuch der Psychiatrie und medizinischen Psychologie, 3., überarbeitete u. erw. Aufl., Urban & Schwarzenberg, München

Phillips, R. H. (1962): The Accumulator, Archives of general Psychiatry, 6, 6: 96-99

Reifler, B. V. (1996): The Diogenes Syndrome: of omelettes and souffles, Journal of the American Geriatrics Society, 44, 1484-1485

Reyes-Ortiz, C. A. et al. (1996): A case of Diogenes syndrome, J Am Geriatr Soc, Dec, 44 (12): 1486

Robben, P. B. (1991): Zelfverwaarlozing bij ouderen – over thuislozen en het Diogenes-syndroom, Tijdschr Gerontol Geriatr, Oct, 22(5): 167-171

Roberge, R. F. (1998): Diogenes' syndrome. A geriatric entity, Can Fam Physician, Apr, 44: 812-817. Review

Rodstein, M. (1975): When friends or Patients ask about Crime and the Aged, Journal of the American Medical Association (JAMA), 234, 5: 533-534

Rogers, W. S. (1989): Explaining Health and Illness: An Exploration of Diversity, Harvester Wheatsheaf, New York

Rosenthal, M. et al. (1999): Diogenes syndrome and hoarding in the elderly: case reports, Israel Journal Psychiatry Relat Sci, 36(1): 29-34

Saup, W. (1986): Wohnen im Alter – psychologische Aspekte, Zeitschrift für Gerontologie, 19, 5: 342-347

Schulte,W. (1974): Die Welt des psychisch Kranken, Vandenhoeck und Ruprecht, Göttingen

Shehan, B. / J. Geddes (1998): The Diogenes syndrome: Review and case history, Irish Journal of Psychological Medicine, Jun, Vol. 15(2): 77

Snowdon, J. (1987): Uncleanliness among persons seen by community health workers, Hospital and Community Psychiatry, 38, 5: 491-494

Sosna, U. / H. W. Wahl (1983): Soziale Belastung, psychische Erkrankung und körperliche Beeinträchtigung im Alter, Ergebnisse einer Felduntersuchung, Zeitschrift für Gerontologie, 16, 3: 107-114

Taurand, P. / S. Taurand / C. Compere / M. Blotin (1993): Le syndrome de Diogene du sujet age, La Revue de geriatrie, Vol 18(3): 139-146

Thompson, K. (1981): Diogenes syndrome, Geriatr Med, 11: 46-50

Turner, B. S. (1995): Medical Power and Social Knowledge, 2nd ed, Sage, London

Twomey, J. (1975): Brief an den Herausgeber des Lancet zum Artikel „Diogenes Syndrome" von Clark (1975), The Lancet: 515

Walder, B. et al. (1998): Tacrolimus (FK 506)-induced hemolytic uremic syndrome after heart transplantation, J Heart Lung Transplant, Oct, 17(10): 1004-1006

Williams, H. et al. (1998): Diogenes' syndrome in patients with intellectual disability: ,a rose by any other name'?, J Intellect Disabil Res, Aug, 42(Pt 4): 316-320

Whitehead, T. (1975): Brief an den Herausgeber des Lancet zum Artikel „Diogenes Syndrome" von Clark (1975), The Lancet: 627-628

Wittig, J. R. / R. R. Brock / H. Stiebritz (1972): Der alleinstehende alte Mensch in seiner häuslichen Umgebung, Zentralblatt für Bakteriologie, I. Abt. Orig. B., 156: 275-282

Wrigley, M. / C. Cooney (1992): Diogenes syndrome, An Irish series, Irish J Psychol Med, 9: 37-41

Internetadressen zum Thema Messies/Diogenes-Syndrom

http://rhein-zeitung.de/old/97/07/22/topnews/messies.html
„Die Sache mit dem Chaos ist mein größtes Problem" „Anonyme Messies". Chronische Unordentliche haben in Berlin eine Selbsthilfegruppe gegründet

http://members.aol.com/amessie/welcome.htm
Homepage der Anonymen Messies Berlin

http://www.messies.com/aboutus.html
Sandra Felton's Messies Anonymous

http://www.br-online.de/politik/zeitspiegel/19999/zs_0407/chaot.htm
Friedrich, Lars: Hilfe, ich bin ein Chaot! Überlebenshilfe für Unordentliche

http://neu.dradio.de/cgi-bin/user/fm1004/es/cundk/614.html
Deutschlandfunk Sendung, Campus & Karriere: Das Aufmerksamkeit-Defizit-Syndrom. Leben im Durcheinander

http://www.svz.de/archiv/magdw/1998/28.November/Ordnung.html
SVZ online: Ziebell, Anke: Der tägliche Kampf gegen das Chaos

http://database.mopo.de/bookmark/nachrichten/old/91679815620280.html
Hamburger Morgenpost online 30.12.96: Otzelberger, Manfred: Hilfe! Ich bin ein Chaot. Wie man wieder Ordnung in die Wohnung und auf den Schreibtisch bringt

http://rhein-zeitung.de/old/96/02/10/topnews/messies.html
Wenn der Wäscheberg zum Everest wird

http://www.wdr.de/tv/liebeleben/archiv/1997/04/09.html
Sendung des WDR in der Reihe Liebe & Leben: Ordnung, was ist das? Messies: die neuen Chaoten

http://www.hypies.solution.de/add/messies.html/
Peinlich: Gefangen zwischen Chaos und Perfektion. Ein Text der anonymen Messies Berlin

http://www.sonntagsblatt.de/1997/40/40-s7.htm
Sonntagsblatt Artikel: Otzelberger, Manfred. Wo bin ich? Wenn bei Ihnen zu Hause die Unordnung immer größer wird, liegt der Fall auf der Hand: Sie sind ein Messie!

http://www.berlinonline.de/wissen
Textarchiv der Berliner Zeitung. (14.01.1999). Lüke, Reinhard: Dankbares
Krankheitsbild. Weidt, Birgit: Dann komm doch um in deinem Mist...
(14.05.99)

http://www.fen.baynet.de/johannes.angermueller/bylauder.htm
Lauder, William: The medical model and other constructions of self-
neglect

http://www.imhl.com/s47naa.htm
National assistance act 1948 as amendet by National assistance Amend.
Removal of persons in need of care and attention

113

Die Rolle des Sozialpsychiatrischen Dienstes bei der Betreuung psychisch Kranker

von Peter Dettmering[*]

Die Sozialpsychiatrischen Dienste Westberlins – früher Nervenberatungsstellen genannt – befinden sich in einer Situation des Überganges, die nicht zuletzt mit dieser Namensänderung zusammenhängt. Nach wie vor obliegt ihnen die Unterbringung psychisch Kranker und Gestörter, d. h. sie haben zunächst einmal – im Rahmen des Gesundheitsamtes – Ordnungsfunktion. Zugleich aber haben sie schon durch ihren Namen Anteil an der großen reformerischen Bewegung, die sich als Sozialpsychiatrie eine Stellung neben der klassischen, „intramuralen" Psychiatrie und der psychologisch orientierten Medizin erobert hat. Die uns hieraus erwachsende Verpflichtung faßte ein Kollege, der eine Weile im Sozialpsychiatrischen Dienst Charlottenburg gearbeitet hat, kürzlich in die Worte, er könne zwischen dem Sozialpsychiatrischen Dienst und der Sozialpsychiatrie im großen keinen Unterschied wahrnehmen. Diese Bemerkung trägt sicherlich den Gegebenheiten nicht ausreichend Rechnung, doch kann kein Zweifel bestehen, daß der Gegenstand therapeutischer Bemühungen hier wie dort die gleiche gesellschaftliche Wirklichkeit ist.

Nun ist es bekanntlich schwer, zwei Herren zu dienen oder, etwas weniger bildhaft ausgedrückt, zwei verschiedenen Verpflichtungen zu genügen. In der Praxis äußert sich das in der Regel so, daß wir erst dann, wenn wir unserem Ordnungsauftrag Genüge getan haben, unserer sozialpsychiatrisch-therapeutischen Verpflichtung nachkommen können. Wie Querido, Amsterdam, in seiner lesenswerten Darstellung der Entwicklung des dortigen Sozialpsychiatrischen

[*] Auszug aus dem gleichnamigen Artikel erschienen in „Der Nervenarzt", 44, 1973, S. 26-30

Dienstes dargelegt hat, geht es nicht nur darum, die Zahl der Einweisungen herabzudrücken, sondern „einer Gruppe von Menschen und Familien zu besserem Wohlbefinden zu verhelfen"[72]. Angesichts dieser sehr anspruchsvollen Zielsetzung müssen wir uns jedoch fragen, was davon in unser Tun und unser Bewußtsein bisher eingedrungen ist und wieviel davon sich unter den gegenwärtigen Bedingungen verwirklichen läßt. Meine Ausführungen verfolgen die Absicht, ein Bild von unserer Arbeit und den dabei auftretenden Schwierigkeiten zu vermitteln und auf diesem Wege aufzuzeigen, wo wir – die Mitarbeiter eines der Sozialpsychiatrischen Dienste Westberlins – heute stehen.

Wenn wir das Verhältnis zwischen dem, was ist, und dem, was nach Meinung einiger Leute sein sollte, realistisch zu sehen versuchen, so muß zunächst hingewiesen werden auf den Konflikt zwischen dem Druck der Öffentlichkeit und dem Interesse des einzelnen Individuums, der in irgendeiner Form ständig für uns spürbar ist.

Das öffentliche Interesse zielt bekanntlich in den meisten Fällen darauf ab, den psychisch Kranken oder Gestörten dauernd oder vorübergehend auszugliedern, ihn in Kliniken oder Heimen dem Blick der Öffentlichkeit zu entziehen. Demgegenüber versuchen wir abzuwägen, ob der Patient tatsächlich eine akute Gefährdung der Umwelt darstellt oder ob auf seiten der Umwelt phantastische Vorstellungen, Ängste und Projektionen im Spiel sind. Wie kürzlich G. Bosch aus Hannover in Berlin berichtete, gibt häufig sozialer Druck und nicht medizinische Notwendigkeit den Ausschlag für eine Zwangsunterbringung – eine Tatsache, die wir nur bestätigen können. Aus dieser Einsicht heraus versuchen wir, dem Patienten so lange wie möglich das Leben draußen – extramural – zu ermöglichen und ihn in seinem vertrauten Milieu, seinen eigenen vier Wänden zu belassen.

Dazu ist freilich nötig, daß ein möglichst dichter, kontinuierlicher Kontakt mit dem Patienten uns in den Stand setzt, drohende Dekompensationen rechtzeitig zu erkennen. Auch versteht es sich von

---

[72] Querido, A. (1970)

selbst, daß unkritische Identifizierung mit dem Patienten, eine Verbindung mit ihm gegen den Druck der Umwelt, nicht unbedingt in seinem Interesse liegt, so wenig wie die unkritische Übernahme der gegen ihn gerichteten Vorurteile. Beides ständig gegeneinander abzuwägen, ist unsere Aufgabe; in dieser Form sind wir fortwährend mit den beiden Verpflichtungen konfrontiert, von denen ich eingangs sprach, und müssen den daraus resultierenden Konflikt in irgendeiner Form austragen.

Unser Gewissen im Umgang mit dieser doppelten Aufgabe zu entwickeln und zu schärfen, dienen die Fallbesprechungen, die wir regelmäßig abhalten. Aufangs wurde zwar hier und da geargwöhnt, es handele sich um einen Selbstzweck, eine „Kosmetik schöner Seelen"; sie dienen jedoch der Schulung unserer Wahrnehmung im Umgang mit dem Patienten und den Gefühlen, die er in uns wachruft. In der Psychiatrie mehr als in jeder anderen Sparte kommt es ja auf die „Antennen" an, die richtige Einschätzung und Bewertung unserer Wahrnehmungen, der äußeren, der inneren und ihrem Zusammenspiel.

Können wir es verantworten, einen Patienten, dessen Stimmen ihm das Essen verbieten wollen, so lange in der Wohnung zu lassen, bis ein Bett in einer bestimmten Klinik oder auf einer bestimmten Station frei wird? Verwehren ihm die Stimmen das Essen völlig, so daß von daher eine bedrohliche Situation entsteht, und ist der Patient vielleicht suicidal? Wie wirkt der Patient auf uns, welche Ängste ruft er in uns wach, ist die Kommunikation mit ihm tragfähig? Die Entscheidung, den Patienten zunächst noch in seiner Umgebung zu belassen, kann in dem einen Fall richtig, im anderen falsch sein. Wie können wir unsere blinden Flecken in die Rechnung einbeziehen, um einigermaßen sicher zu sein, daß wir nicht etwa mit dem Patienten uns oder anderen etwas beweisen wollen? Hier hilft im allgemeinen nur das vergleichende Gespräch weiter, die kritische Konfrontation mit dem gesamten Team. Voraussetzung ist freilich der Abbau Hierarchie-bedingter Ängste sowie die Garantie, daß die Atmosphäre gegenseitiger Offenheit sachbezogen bleibt und nicht in falschverstandene Selbsterfahrung ausartet. Soviel zu den Voraussetzungen unserer Arbeit.

Ich komme jetzt auf einige Patientengruppen zu sprechen, mit denen wir es zu tun haben. Bei den senilen Patienten – Psychosen, Verwirrtheitszuständen, Demenzen – sind wir immer wieder beeindruckt von dem hohen Grad der Verwurzelung, der zwischen dem Patienten und seiner Umwelt besteht. Aus diesem Grunde kommt eine Klinikeinweisung oft einem Todesurteil gleich, was bereits zum Schlagwort von der „sozialen Euthanasie" geführt hat. Während meiner klinischen Tätigkeit konnte ich beobachten, daß eine Einweisung oft noch gerade eben, eine interne Verlegung innerhalb der Klinik jedoch schon nicht mehr verkraftet wurde. Die Verzahnung des alten Menschen mit seinem Milieu – in welchem er oft bis zu 50 Jahren gelebt hat – ist eben so dicht, daß eine Herauslösung nicht möglich, ja dem Betreffenden nicht einmal vorstellbar ist.

Klassisches Beispiel hierfür ist eine von uns betreute senil-demente Frau, deren Wohnungsfenster auf die Charlottenburger Luisenkirche hinaussehen. Sie lebt dort in der Ausrichtung auf ein bestimmtes Fenster der Kirche und das darauf abgebildete Heilandsbild; auf dieses Fenster, und daß sie sich nicht von ihm trennen möchte, kommt sie bei jedem unserer Hausbesuche zu sprechen. Im übrigen hält sie uns jedesmal von neuem für Fremde und kann sich an kein Detail unseres vorigen Gespräches erinnern. Daß sie uns als ehemalige Opernsängerin aus ihrem Repertoire vorgesungen hat, übrigens mit einer immer noch erstaunlich wohlklingenden Stimme, ist ihr entfallen und läßt sich für die Aufrechterhaltung des Kontaktes nicht nutzbar machen. Sie ist auch nur unter Einschaltung einer ständigen Hauspflegerin in ihrer Wohnung zu belassen. Eindrucksvoll war ihre Reaktion auf unseren Vorschlag, ihre Wohnung mit einem Platz im Altenheim zu vertauschen: sie faßte ihn nämlich so auf, als solle nicht sie, sondern das Heilandsbild entfernt, „gestohlen" werden.

Dieses Beispiel zeigt besser als allgemeine Ausführungen, wie eng man sich die Beziehung des alten Menschen zu seinen Objekten vorzustellen hat, sei es nun ein liebgewordener Anblick, ein einzelnes Möbelstück oder die Wohnung als Ganzes. Man kann diese Form der Objektbeziehung ohne allzuviel Übertreibung derjenigen vergleichen, die zwischen dem ganz kleinen Kind und seinem primären Objekt, der Mutter, besteht. Offenbar ist der alte Mensch im besonderen Maße darauf angewiesen, sich immer wieder an einem Stück von sich seiner Identität zu vergewissern, was ich einmal an einem mir nahestehenden alten Menschen beobachten konnte, der bis zur Aufnahme ins Heim geistig klar geblieben war, dort aber rasch verwirrt wurde und sich in seiner Verwirrtheit immer wieder zu einem bestimmten Möbelstück – dem einzigen, das hatte mitgenommen werden können – hintastete.

Auf Grund solcher Erfahrungen erscheint es mir verhängnisvoll, wenn dem alten Menschen im Altersheim oft nichts bleibt als ein Klinikbett und ein Nachttisch oder wenn er – das andere Extrem – in überlebten Prunkvillen unter gigantischen Kronleuchtern vor sich hindämmert. Solche Beziehungslosigkeit zwischen dem alten Menschen und seiner Umgebung besiegelt oft seine „Dementierung", obwohl er vielleicht bis dahin in seiner vertrauten Umgebung notdürftig zurechtgekommen ist. Unsere Aufgabe ist es daher, zu verhindern, daß sich der bekannte Ablauf – Einweisung, Einrichtung einer Pflegschaft, Wohnungsauflösung und Heimunterbringung – automatisiert, mit anderen Worten: daß er ohne Rücksicht auf den individuellen Fall gehandhabt wird. Man kann ja nur in den seltensten Fällen mit Sicherheit vorhersagen, ob ein Verwirrtheitszustand passagerer Natur ist oder ob er in eine Demenz ausmündet.
Aufschlußreich waren in diesem Zusammenhang die Erfahrungen, die wir mit Patienten aus dem sog. Nassen Dreieck machten. Dabei handelt es sich bekanntlich um jene Charlottenburger Straßenzüge, in deren Bereich bestimmte Häuser geräumt werden mußten, weil die Fundamente infolge des Zusammenwirkens von Bodenbeschaffenheit, Senkung des Grundwasserspiegels, U-Bahnbau usw. unsicher geworden waren. Auch hier wurde der Auszug aus der jahrzehntelang vertrauten Wohnung gerade vom alten Menschen nicht mehr verkraftet. So war eine Patientin überzeugt, immer noch in ihrer Parterrewohnung in der Hebbelstraße zu wohnen und die Kin-

der an ihre Scheiben klopfen zu hören, obwohl sie inzwischen im sechsten Stock eines Hochhauses wohnte. Die Konfabulationen, die sie beim Unterbringungstermin vorbrachte: sie seien dort im Nassen Dreieck fast überschwemmt worden, hätten sich nur mit Mühe vor dem Hochwasser retten können, sind offensichtlich nicht ganz ohne Bezug zur Realität, da man sich ja auch vor Hochwasser in einem hoch gelegenen Stockwerk in Sicherheit bringen würde.

Die Tatsache, daß diese Patientin sich bei ihrer Interpretation ganz an einem Wort orientierte, bringt uns auf ein weiteres, in seiner Bedeutung kaum zu überschätzendes Problem, das der sprachlichen Kommunikation. Im Extremfall prallen, z. B. im Unterbringungstermin, die Sprache des Psychotikers und die des Juristen so unvermittelt aufeinander, daß es zunächst einmal zu verstehen gilt, was hier auf sehr verschiedenen Ebenen (psychoanalytisch gesprochen, der des Primär- und des Sekundärprozesses) unter einem bestimmten Wort verstanden wird. Das „Messer", mit dem ein jugendlicher Schizophrener oder ein Borderline-Patient die ambivalente Bindung an einen Elternteil durchtrennen möchte, ist offenbar etwas anderes als das reale Mordinstrument, als das der Jurist es auffaßt. Man kann sich ausmalen, was es für eine bestimmte Familienkonstellation bedeutet, wenn die als Zeugen geladenen Eltern vom Unterbringungsrichter nach etwaigen Tötungsabsichten, um nicht zu sagen Mordwünschen des Patienten gefragt werden.

Verständigungsschwierigkeiten treten vor allem in der Gruppe der psychotischen oder psychosenahen Patienten auf. Dazu folgendes Beispiel:
Eine Mutter bringt ihren 18jährigen Sohn in die Sprechstunde, dessen Vorgeschichte Erfahrung mit Haschisch und LSD aufweist und der jetzt vor allem unter quälender Antriebslosigkeit leidet. Wegen seines Autismus war in einer Klinik der Verdacht auf eine Prozeßpsychose geäußert und der Mutter mitgeteilt worden. Beim Eintreten ins Sprechzimmer erscheint der Patient zunächst schwer gestört, unfähig, Blickkontakt aufzunehmen: Er nimmt mich kurz wahr, um dann einen Punkt in der Höhe des oberen Fensters oder der Gardi-

nenstange zu fixieren. Doch bringt er ein averbales Angebot mit, eine Zeichnung, die er im Wartezimmer im Beisein der Mutter verfertigt hat; wie sich ergibt, ist es eine Darstellung der „Mouches volantes", der beim Blick ins Helle wahrnehmbaren Flecken im Auginnern, an deren Bild er auch jetzt noch festhielt. Auf das Angebot der Zeichnung hin sage ich dem Patienten, offenbar sei es leichter für ihn, sich an diese kleinen Tiere zu halten, als sich dem gefährlichen Blickkontakt mit mir oder anderen auszusetzen. Der Patient kann darauf in Worte fassen, das größte Gebilde der Zeichnung stelle seine Mutter dar, und er vermeide den Blickkontakt, weil dieser das Selbstgefühl schwäche, das (dem Gefühl des Patienten nach) hinter den Augäpfeln lokalisiert ist.

Zusammen mit dem eigenartigen Verhalten dieses Patienten reichten diese Äußerungen zwar hin, auch weiterhin an die Möglichkeit einer Schizophrenie zu denken; zugleich hatten diese Auffälligkeiten offensichtlich die Funktion, den Patienten vor dem Umgang mit gefährlichen Objekten zu bewahren, also *etwas abzuwehren*. Mein Eindruck war, daß der Patient sich in den „Mouches volantes" einen Übergangsbereich zwischen innen und außen, sich und der Objektwelt geschaffen hatte, eine Art Wandschirm, auf dem sich die gefährlichen Objekte, z. B. die Mutter, in verkleinerter und kontrollierbarer Form abbildeten. Darum, so schien mir, hielt er so ängstlich an dem Blickpunkt oberhalb des Fensters fest. In dem Maße, in dem es gelang, diese Ängste zur Sprache zu bringen, änderte sich das Verhalten des Patienten. Zwar erschien er vorübergehend noch gestörter als zu Beginn, indem sein Blick jetzt zwischen dem Fenster und mir hin und her zu irren begann, um dann im letzten Teil des Gesprächs in seiner Zuwendung fast unauffällig zu erscheinen.

Während die Kommunikation in diesen Fällen von der adäquaten Übersetzung des sprachlichen Angebotes in unsere eigene Begriffswelt abhängt, wird das Problem dort wesentlich schwieriger, wo der Patient schweigt, sich mutistisch verhält. Nach meiner Erfahrung ist dies immer dort der Fall, wo wir mit ihm in Anwesenheit ambivalent erlebter Bezugspersonen zu sprechen versuchen. Hierzu zwei aufschlußreiche Beispiele:

Eine jugendliche Patientin, zu der wir von ihrem Freund wegen akuter psychotischer Symptomatik gerufen wurden, starrte erst uns, dann die weißbekittelten Krankenwagenfahrer mit entsetzten Augen an; zugleich verharrte sie auf der Schwelle zwischen Zimmer und Flur, als wisse sie nicht, ob sie fliehen oder uns angreifen solle. Beim Termin in der Klinik war sie dann schon wieder fähig, über ihr Erleben Auskunft zu geben: Sie habe geglaubt, sie würde „aufgefressen". Außerdem befand sie sich um den Ausbruch ihrer Psychose herum in einer sehr belastenden Situation und hatte sich zwischen ihrer Freundin, mit der sie die Wohnung teilte, und ihrem Freund, der bei unserem Kommen anwesend war, zu entscheiden. In ihrer Ambivalenz hatte sie bei ihren Eltern Zuflucht gesucht und war von ihnen, die offenbar einer religiösen Sekte angehörten, auf Gott verwiesen worden. Sowohl die Angst vor dem Aufgefressenwerden wie das unentschiedene Verharren auf der Schwelle waren also bedeutungsvoll und standen in enger Beziehung zur biographischen Situation.

In einem anderen Fall hatte eine involutiv-melancholische Patientin den Fehler begangen, ihre Befürchtung, sie könne ihr Enkelkind beim Zudecken ersticken, der Tochter mitzuteilen. Diese hatte die Äußerung der Mutter wörtlich genommen und uns alarmiert. Wie wir uns überzeugen konnten, fungierte sie jetzt als Inkarnation jenes quälerischen Überichs, vor dem die Mutter bei ihr Schutz gesucht hatte. Die Patientin erschien solange mutistisch, wie die Tochter in der Nähe war, und begann erst zu sprechen, nachdem die begleitende Sozialarbeiterin die Tochter ins Nebenzimmer gezogen und dort in ein Gespräch verwickelt hatte. Um mit einem stuporös-mutistischen Patienten ins Gespräch zu kommen, bedarf es offenbar einer störungsfreien Zone, eines vor Außenreizen relativ geschützten Raumes, was übrigens nicht ausschließt, daß sich eine neutrale, sich der Situation einfügende dritte Person in der Nähe befindet. Andererseits genügt nach meiner Erfahrung die Atmosphäre eines Wachsaales und die dort immer vorhandene leichte Unruhe, daß sich der Patient auf sich selbst zurückzieht. So war auch die zuletzt genannte

Patientin, als ich sie im Wachsaal wiedersah, mutistisch und im Unterbringungstermin nicht zu einer Antwort zu bewegen. Auf diese Patientin trifft Queridos Formulierung zu, daß sich der Patient im Rahmen seiner vertrauten Umgebung „wie auf einer Bühne"[73] darstellt. Ich halte im übrigen für möglich, daß hinter stuporös-mutistischem Verhalten oft Ängste verborgen sind, die sich mit Worten wie „auffressen", „verschlingen", „aufsaugen", „verschlucken" ansprechen lassen, sämtlich Ausdrücke, deren konkreter und deren bildhafter Bedeutungsgehalt sich etwa die Waage halten. Ich habe immer wieder bestätigt gefunden, daß psychotische oder psychosenahe Patienten, sofern überhaupt die Möglichkeit verbaler Kommunikation bestand, derartige Worte spontan verstanden, wahrscheinlich weil mit ihnen das Wesen einer bestimmten Störung – die oral erlebte Angst vor der Vernichtung der eigenen Identität[74]– erfaßbar ist.

Ein Patient im akuten Schub, dem ich vorschlug, ich an seiner Stelle würde eine Klinik aufsuchen, erhob sich prompt von seinem Stuhl, um „an meiner Stelle" zu sein. Ein anderer Patient, dem ich zu verstehen gab, er schneide sich mit seinem unzweckmäßigen Verhalten „ins eigene Fleisch", glaubte, ich spiele damit auf seine (wahnhafte) Beschneidung und seine (gleichfalls nicht den Tatsachen entsprechende) jüdische Herkunft an. Eine von Weltuntergangserleben geängstigte Patientin bat mich um meine Augen, um mit ihnen die Welt anders zu sehen; eine andere wunderte sich über den „Schnee" auf meinem Kopf und meinte damit mein angegrautes Haar. Bildhaft Gemeintes wird also konkret, konkret Gemeintes bildhaft mißverstanden, wogegen der Borderline-Patient beides noch unterscheiden kann und allenfalls, weil bei ihm die beiden Sprachebenen etwa gleich stark besetzt sind, besondere Anforderungen an das Verständnis stellt.
So suchte mich vor kurzem ein 17jähriger Schweizer auf, der hier in Berlin Anschluß an gleichaltrige Kreise gesucht hatte und in der

---

[73] Querido, A. (1970)
[74] Lewin, B. (1961), S. 7

Wohngemeinschaft, in die er geraten war, Ablehnung erfahren hatte. Diese war für ihn offenbar so schmerzlich gewesen, daß er, statt von realen Enttäuschungen, nur über die seltsamen Veränderungen sprechen konnte, die sich, wie er sich ausdrückte, an seinem Selbst und an seinem Körper abgespielt hatten. War er vorher „rund" gewesen, so war er jetzt zugleich „leer" (ohne Selbstgefühl) und „fett", womit er eine gewisse schwammige Distanz zu den anderen meinte. Er sei an ihnen nur noch vorbeigegangen, sagte er, um im gleichen Atem hinzuzufügen: er sei durch sie hindurchgegangen. Die der Umgangssprache angemessene Wendung schien ihm also nicht auszureichen, um seine schmerzliche Erfahrung wiederzugeben, und wurde von ihm durch die bildhafte, traum- oder filmartig anmutende Wendung „Ich bin durch sie hindurchgegangen" ergänzt.

Reiht man derartige Erfahrungen mit psychotischen Patienten aneinander, so wird man unweigerlich ihrer Mehrdeutigkeit ansichtig: einerseits ist die Psychose therapiebedürftiger Morbus im Sinne der klassischen Psychiatrie, andererseits Folge der Zwickmühlensituation, in die der Patient geraten ist (und auf die hier theoretisch nicht eingegangen zu werden braucht). Mit dieser Mehrdeutigkeit hängt es offenbar auch zusammen, daß wir uns, je tiefer wir uns auf das Erleben des Patienten einlassen, untereinander oft nur noch schwer zu verständigen vermögen, wessen der Patient bedarf: einer neuroleptischen Behandlung, einer Psychotherapie oder der Begleitung auf seinem „schizophrenen Trip", wie sich jemand kürzlich ausdrückte. Das Eigentümliche dabei ist, daß diese Möglichkeiten als unvereinbar miteinander, als Anlaß zu weltanschaulicher Kontroverse erlebt werden.

Ich habe noch die provozierende Frage im Ohr, die auf der dritten Arbeitstagung des „Mannheimer Kreises", Berlin 1971, in der Arbeitsgruppe „Rollenkonflikte" gestellt wurde und die sich im Protokoll so liest: Will der Patient überhaupt „geheilt" werden, hat man seine Bedürfnisse dadurch nicht überspielt und muß man sich nicht vielmehr mit ihm identifizieren?[75].

Die Offenheit dieser Frage ist auf jeden Fall begrüßenswert, da sie Tendenzen verbalisiert, die, bewußt oder nicht bewußt, in der gegenwärtigen Psychiatrie und Sozialpsychiatrie eine Rolle spielen. Engagement und Identifizierung mit dem Patienten sind eine gute Sache; wenn aber die Bedürfnisse des Therapeuten mit denen des Patienten ununterscheidbar zusammenfließen, so wird man unfähig, die Bedürfnisse des Patienten emotional richtig wahrzunehmen[76].

Daß auch in der Arbeit des Sozialpsychiatrischen Dienstes die Identifizierung mit dem Patienten sachgemäßes therapeutisches Handeln verzögern kann, wird durch den folgenden Fall illustriert: Ein differenzierter, intelligenter Patient von Anfang Zwanzig hatte seine Einzimmerwohnung in die eindrucksvollste Szenerie verwandelt, an die ich mich aus mehreren Jahren sozialpsychiatrischer Außenerfahrung erinnern kann. Sein Zimmer war von einem riesigen schwarzen Kasten aus Metallplatten, einer Art Kaaba in Mekka, fast ausgefüllt, so daß man knapp darum herumgehen konnte; es blieb nur Platz für eine Nische mit einer Art Altar, auf dem stets, so oft wir auf Hausbesuch kamen, Kerzen brannten. Schlafen tat der Patient in dem außen mit feinen Stromdrähten bespannten Kasten, in den er uns kurz hineinsehen ließ. Von seiner Umwelt hatte er sich isoliert und die Nachbarn durch stundenlanges Hämmern an dem Kasten sowie durch die Entfernung einer Hausantenne, von der er schädliche Einflüsse ausgehen fühlte, gegen sich aufgebracht. Als es zum Prozeß gegen ihn kam, wies er auf das Vorhandensein zweier Anwälte hin, ein rein formalistischer Gesichtspunkt, denn es handelte sich um Anwälte der Gegenseite. Bei dieser Gelegenheit war es auch, daß der Patient auf seine Beschneidung und seine jüdische Abstammung zu sprechen kam.

An der psychotischen Denk- und Sprachstörung konnte nach alledem kaum ein Zweifel bestehen, und doch bedurfte es mehrerer

---

[75] Protokoll der Arbeitsgruppe „Rollenkonflikte in der Sozialpsychiatrie" auf der 3. Sozialpsychiatrischen Arbeitstagung des „Mannheimer Kreises" (1971), S. 24

[76] Dettmering, P. (1971)

Hausbesuche und der Einschaltung von drei Ärzten nacheinander, um zu einer Entscheidung zu kommen, was mit diesem Patienten zu geschehen habe. Rationalisierende Argumente, wie z. B. eine neuroleptische Behandlung sei bei derartig chronifizierten Psychosen nicht erfolgversprechend, verdeckten wohl nur die Tatsache, daß von dem Patienten und seiner Szenerie eine starke Faszination ausging. Tatsächlich kann man sich ja der Faszination durch das Einmalige, Unverwechselbare, kreativ Anmutende mancher psychotischen Störung schwer entziehen. Daß derartige Faktoren mitspielten, kam zum Ausdruck in einer Frage, die in unserem Kreise aufgeworfen wurde: Aber wir können doch den Patienten nicht einfach einweisen!

Es klingt also wiederum die Frage an, die hier noch einmal zitiert sei: Will der Patient überhaupt „geheilt" werden, hat man seine Bedürfnisse dadurch nicht überspielt und muß man sich nicht vielmehr mit ihm identifizieren? Meines Erachtens ist aber die Alternative von „Heilung" und Identifizierung ein Scheinproblem, welches darauf beruht, daß man heute geneigt ist, Ordnungsfunktion mit Repression und therapeutische Funktion mit Identifizierungsbedürfnis gleichzusetzen. Darum müssen wir uns vor dem Mißverständnis hüten, es sei schon Therapie, wenn der Patient uns hereinläßt und mit uns spricht, und damit sei unserem Auftrag Genüge getan.

Literatur

Benedetti, G. (1967): Prax. Psychother. 12, 1

Dettmering, P. (1970): Prax. Psychother. 15, 249

Dettmering, P. (1971): Prax. Psychother. 16, 70

Kernberg, O. (1967): Amer. psychoanal. Ass. 15, 641

Lewin, B. (1961): The Psychoanalysis of Elation. Psychoanal. Quart.

Querido, A.: Die Entwicklung des Sozialpsychiatrischen Dienstes in Amsterdam. Manuskript einer am 26.11.1970 gehaltenen Rede, verteilt vom Senator für Gesundheit und Umweltschutz Berlin

Protokoll der Arbeitsgruppe „Rollenkonflikte in der Sozial-psychiatrie" auf der 3. Sozialpsychiatrischen Arbeitstagung des „Mannheimer Kreises", Berlin 1971: Sozialpsychiatrische Informationen 2, 17

„VERMÜLLUNG" IN LITERATUR UND FILM

von Peter Dettmering

Die Tendenz, Leben im Zeichen von Müll und Vermüllung zu sehen, ist in der Kunst der Moderne unverkennbar. Ohne Beispiele der gegenständlichen Kunst heranzuziehen, sei nur an Samuel Becketts szenische Metapher von zwei in Mülltonnen lebenden Elternfiguren oder an Gottfried Benns Spätgedicht „Kann keine Trauer sein" erinnert, wo es von den Sterbebetten einiger berühmter Dichter und Dichterinnen heißt:

> Alles Gerümpel jetzt oder garnicht mehr vorhanden,
> unbestimmbar, wesenlos,
> im schmerzlos-ewigen Zerfall.

Sind hier die Betten und ihr Unbrauchbargewordensein noch weitgehend Metapher, so gibt es in den Siebziger- und Achtzigerjahren zunehmend Romane, in denen der Müll entschieden an Konkretheit gewonnen hat. Doris Lessing läßt ihren Terroristenroman „The Good Terorist" (1985) in einem Abrißhaus spielen, dessen hygienische Einrichtungen defekt sind, und Joyce Carol Oates trägt in ihrem Universitätsroman „Unholy Loves" („Unheilige Liebe", 1979) eine Fallvignette bei, die genau den von mir beschriebenen psychiatrischen Eindrücken entspricht:

> ...Brigit muß an ein Mißgeschick denken, das ihr früher einmal mit einer um einige Jahre älteren Bekannten passiert ist, die ganz allein in Manhattan lebt und ein sehr einsames Leben führt. Sie war Mitte vierzig, als Brigit sie kennenlernte, eine erfolgreiche Redakteurin bei einer Frauenzeitschrift und nie verheiratet gewesen, und sie hatte sich angewöhnt, Brigit in den frühen Morgenstunden anzurufen, nur so, um zu reden – über Literatur vor allem und über Filme und Theater und die New Yorker Kunstszene. Die unverkennbare Einsamkeit dieser Frau war Brigit sehr nahegegangen. Sie war der Überzeugung, daß man zu leicht vergaß, wie höllisch das Leben für die Einsamen sein konnte (sie selbst war damals verheiratet), und

so ging sie geduldig auf die Anrufe ihrer Bekannten ein und hatte nichts dagegen, sich ihre Monologe anzuhören. Nur ein einziges Mal besuchte sie die Frau in ihrer Wohnung – diese hatte sie darum gebeten, weil sie schon seit mehreren Tagen krank war und nicht zum Einkaufen gehen konnte; und Brigit war sehr befremdet über das Durcheinander in ihrer Wohnung – ihr Zustand war noch chaotischer als der von St. Denis' Appartement und ließ irgendwie auf einen Geisteszustand schließen, der wohl nicht ganz normal war. (Brigit kann sich erinnern, daß in der nie benützten Badewanne mehrere eineinhalb Meter hohe Stapel von Bambi-Fruchtjoghurtbechern aufgetürmt waren; die Becher waren sorgfältig ineinandergestapelt und offenbar für einen bestimmten Zweck aufbewahrt worden. An mehreren strategischen Stellen der Wohnung waren für drei Katzen Plastikbehälter mit Katzenstreu aufgestellt, aber alle waren schon seit längerer Zeit nicht mehr gewechselt worden.) Entgeistert hatte Brigit sich erboten, ein wenig sauberzumachen – und die Frau damit schrecklich gekränkt; aufgestützt in ihren Kissen, begann sie Brigit mit einer solchen Vehemenz zu beschimpfen, daß sie um ein Haar aus dem Bett gefallen wäre ... Von da an blieben die Telefonanrufe aus; die Bekanntschaft riß ab.

(1988, 263)

Der letzte Satz dokumentiert die mitmenschliche Isolierung, den „Autismus" der von Vermüllung Betroffenen. Zweifellos steht der von Joyce Carol Oates beschriebene, offenbar selbsterlebte Fall nicht nur für „Vermüllung", sondern auch für Isolierung und Kommunikationsverweigerung; und hier stoßen wir nun auf eine Art „Schiene", die in beiderlei Richtung befahrbar ist. Der in der Wohnung jener Redakteurin angesammelte Müll hat nicht einfach nur gegenständlich-konkrete, sondern darüberhinaus symbolisch-innerseelische Bedeutung. Und hier kommen einem Filme in den Sinn, in denen – ich denke an Tarkowskis „Stalker" oder Antonionis „Rote Wüste" – Müll als Metapher für seelische Verödung und Ausweglosigkeit verwendet wird. Hier gibt es kein beobachtendes Freudsches fiktives Normal-Ich mehr, das – wie in der Skizze von Joyce Carol Oates – Normalität verkörpert; hier ist es die Kamera, die teils beobachtet, teils aber auch in den Dienst eines verstörten, seiner Tendenz nach psychiatrischen Ausdrucksbedürfnisses tritt. Der Kunsttheoretiker Rudolf Arnheim spricht denn auch in seinem Buch „Zur Psychologie der Kunst" (1977) von einer „ungeformten Melancholie" und zählt den Regisseur Michelangelo Antonioni ausdrücklich zu deren „Wort"führern.

In der amerikanischen Borderline-Literatur ist das Phänomen beschrieben worden, daß die in diesen Umkreis gehörenden Personen Belebtes und Unbelebtes schwer unterscheiden können: Belebtes kann in ihrer Vorstellung wie leblos, Unbelebtes jedoch belebt erscheinen. In diesem Sinne erstarren in bestimmten Szenen der „Roten Wüste" die menschlichen Figuren zu Panoptikumfiguren, und umgekehrt spürt die Kamera einem aufgewirbelten Zeitungsfetzen, irgend- oder nirgendwohin führenden Heizungs- oder Fabrikrohren nach. Dazu gehören auch die noch leise zischenden, Blasen aufwerfenden Schlackenhalden, die der chemischen Industrie am Rande Ravennas entstammen und zwischen denen sich die Protagonistin Giuliana mit ihrem kleinen Sohn bewegt.
Die Schlackenhalden, die verödeten Wasserläufe und giftigen Rauchemissionen sind aber wohl in erster Linie Entsprechungen zu Giulianas Innenzuständen, die sie nicht deuten kann und daher in der Außenwelt wieder und wieder aufsucht. Die Schlackenhalden entsprechen Konfliktresten und Konfliktschlacken, die sich im Innern der Protagonistin angesammelt haben, und von denen sie sich befreien müßte, wenn sie ihr seelisches Gleichgewicht wiederfinden und zu sich selbst kommen soll. Wann und wie dieses verlorenging, wird nicht näher ausgeführt; wir erfahren vage von einem Autounfall, der aller Wahrscheinlichkeit nach ein larvierter Suizidversuch war. Anschließend war Giuliana in einer psychiatrischen Klinik interniert, und die Mitinsassen, die sie im Verlauf ihres Umherirrens hier und da trifft, sind die einzigen Mitmenschen, mit denen eine Art stummer Kommunikation gelingt. Ihre Umgebung – vor allem ihr Mann Ugo, der als Chemieingenieur in einer der umliegenden Fabriken arbeitet – spricht nur in halben Worten von dem Unfall, und Giuliana selbst hat die Figur einer Mitpatientin erfunden, der sie ihre eigenen Erfahrungen zuschreibt und „andichtet".

Die Ärzte haben diesem Mädchen geraten, sich eine Beschäftigung zu suchen und sich auf diese Weise in ihrer Umwelt neu zu verankern; aber das Mädchen ist ausgewichen: Sie wollte nicht nur „etwas", sie wollte, wie Giuliana sagt, „alles" haben. „Alles" steht mit anderen Worten für Giulianas Unfähigkeit, ihre Innen- und Außenerfahrungen zu sortieren, brauchbar und unbrauchbar voneinander zu sondern. Es wäre eine Art von Expulsionskraft nötig, sich des Unbrauchbaren zu entledigen, aber eben diese Fähigkeit wird von der Giuliana umgebenden Umwelt erstickt und gleichsam „negiert". Innen und außen entsprechen einander, aber während in früheren Epochen der Blick nach draußen und in die Natur – der bevorzugte Rat, den beispielsweise Goethe jungen, in sich selbst befangenen Menschen gab – Freiheit versprach oder zu versprechen schien, bedeutet er hier nur immer wieder neue Einkerkerung, neue Gefangenschaft.

Es ist aufschlußreich, auf welche Weise Giuliana dieser Zwangslage zu entkommen hofft. Der Beginn des Films zeigt sie am Rande einer Gruppe streikender Arbeiter, die mit Lautsprechern gegen einen Streikbrecher vorgehen. Einer der Arbeiter hält ein angebissenes Brötchen in der Hand, und augenblicklich verspürt Giuliana – als wäre dies ein unbezwingliches Schwangerschaftsgelüst – Appetit auf dieses Brötchen:

> Giuliana: Verzeihung – wo haben Sie es her?
> Arbeiter: Im Lebensmittelgeschäft an der Ecke.
> Giuliana: Verkaufen Sie es mir?
> Arbeiter: Aber ich habe schon hineingebissen.
> Giuliana: Das macht nichts.

Flehentlich erbittet Giuliana von dem Arbeiter das Brötchen, der es ihr gutmütig überläßt und kein Geld dafür haben will. Unfähig, mit ihrer Triebregung richtig umzugehen und die Befriedigung lange hinauszuschieben, begibt sich Giuliana hinter ein Gebüsch und beißt gierig in das Brötchen:

> Sie findet Zuflucht hinter einem Wäldchen rußbedeckter niedriger Pinien, neben Haufen schwarzer Abfälle, und beginnt hastig zu essen. Ihre Gier ist so groß, daß sie außer Atem kommt. Sie blickt

sich mißtrauisch um. Aus den mit Büchsen, Pappkartons und Papierfetzen übersäten schwarzen Rußhaufen steigt Rauch auf.

(Antonioni, 1965, 9)

Wie es scheint, verbirgt sich hinter dem Heißhunger und der unbeherrschbaren Gier ein primäres Kommunikationsbedürfnis, das von fern an religiöse Bräuche erinnert: Wie eine Hostie verbindet das von einem anderen angebissene Brötchen Giuliana mit diesem ihr fremden Menschen, mit dem sie keine Geschichte – „Geschichte" im doppelten Sinne –, nur das gemeinsame Menschsein verbindet. Giuliana sucht im anderen nicht die Person, sie sucht, um mit Kohut zu sprechen, das im anderen verborgene, nur über das Zwischenglied der gemeinsam verzehrten Nahrung erreichbare „Selbstobjekt".

Daß Giuliana mit „Personen" nichts anfangen kann, zeigt ihre im Ansatz steckenbleibende Beziehung zu Ugos Freund Corrado, der nach Ravenna gekommen ist, hier Arbeiter für ein Unternehmen im fernen Patagonien anzuwerben. Corrado verliebt sich in Giuliana und verspricht sich ein Abenteuer mit der rätselhaften, faszinierenden jungen Frau; er verfällt jedoch der gleichen Entwertung, der alle Personen in Giulianas Umkreis unterliegen. „Du kannst mir auch nicht helfen, Corrado", heißt es, und an anderer Stelle: „Da hast du mir ja eine schöne Rede gehalten."

André Green hat in einer 1975 auf deutsch erschienenen Arbeit darauf aufmerksam gemacht, daß Spaltung und Entzug der affektiven Besetzung bei frühen Störungen meist Hand in Hand gehen – zwei Seiten der gleichen Medaille. Green sagt von diesen Patienten, das gute Objekt sei in ihrer Vorstellung stets unerreichbar, das schlechte Objekt in einer Vielzahl äußerer Objekte ständig präsent. Ein solches aufdringlich präsentes, verfolgendes Objekt ist zweifellos die industriell verderbte und denaturierte Landschaft um Giuliana herum, aber auch die Personen, die sich wie Corrado um sie bemühen, werden schnell zu „Verfolgern". Als ihr kleiner Sohn eine Lähmung der Beine vortäuscht – der Film deutet an, daß er Bilder in einer Zeitung gesehen hat –, ist Giuliana einen Moment lang erleichtert, als sie die Täuschung bemerkt; kurz darauf packt sie

133

dann das Entsetzen darüber, daß er solche Verstellung nötig hatte, um Aufmerksamkeit zu erreichen. Daß er Giulianas seelische Lähmung in etwas Handgreiflich-Neurologisches übersetzt hat, ist offenkundig, und die gleiche Übersetzung in Konkretes kennzeichnet auch andere Episoden des Films, so Giulianas Wiederholung des Autounfalls, wobei ihr Wagen mit knapper Not hart am Abbruch der Quaimauer zum Stehen kommt.

Als Giuliana dem kleinen Sohn ein selbsterfundenes Märchen erzählt, verschwindet das kaum am Horizont aufgetauchte weiße Segelschiff – Verkörperung jenes ersehnten, aber nie kommenden guten Objekts – rasch wieder.

Erst ganz am Ende des Films, das zur Anfangsszene mit ihren Schlackenhalden zurückkehrt, zeigt sich, daß sich etwas in Guiliana verändert haben könnte. Ihr Dialog mit dem kleinen Sohn läßt sie weniger krank als zu Beginn erscheinen:

Valerio: Warum ist der Rauch gelb?
Giuliana: Weil er giftig ist.
Valerio: Und wenn ein Vögelchen mitten hinein fliegt, stirbt es dann?
Giuliana: Ja, aber die Vögelchen wissen das inzwischen und fliegen nicht mehr hinein. Komm.

MESSIETUM UND VERMÜLLUNGSSYNDROM

I

Der Begriff „Messie", die Kunde von in Berlin bestehenden Selbsthilfegruppen tauchte nur ganz allmählich und zunächst recht verschwommen am Horizont auf, etwa gleichzeitig mit der Arbeit an diesem Buch. Inzwischen habe ich an einem Messie-Treffen in Berlin – Mai 2000 – teilgenommen und sogar schon einen Patienten in Therapie genommen, der mit dem ausdrücklichen Wunsch kam, etwas Definitives über seine Zugehörigkeit zu einer der beiden Gruppen – „Messies" oder „Vermüllungssyndrom" – zu erfahren. Vor einigen Jahren sei er wirklich vermüllt gewesen; jetzt bewohne er eine andere Wohnung und habe zwar Schwierigkeiten, etwas wegzuwerfen, sei aber nicht vermüllt. Die Arbeit der „Messies" verfolge er seit einiger Zeit, immer mit dem Bestreben, mehr über die eigene Störung zu erfahren und sich besser abgrenzen zu können. Er kenne das Buch, das Frau Pastenaci und ich geschrieben haben, und äußert freimütig den Eindruck, daß wir den gesellschaftlichen Verhältnissen zu wenig Rechnung getragen hätten. Dies scheint auch die Auffassung der Messies zu sein, die – anders als der eben erwähnte Patient, der an sich und seinem Problem arbeiten will – offensichtlich erwarten, daß sich erst in der Gesellschaft etwas ändern muß, bevor sie selbst sich ändern, das heißt ihren Messie-Status in Frage stellen. Bis dahin jedoch müssen sie an diesem Status festhalten, der ihnen gesellschaftliche Identität, Gruppenzugehörigkeit usw. garantiert. Dazu schien es mir gut zu passen, daß die Messies, die ich auf dem Berliner Treffen und später anläßlich der Psychiatriewoche in Darmstadt kennenlernte, nicht besonders an Veränderung, Therapie, praktischen Abgrenzungen interessiert sind. Wenn in Darmstadt etwa auf professioneller Seite das Bedürfnis laut wurde, von der Messie-Vertreterin zu erfahren, wie mit akuter Vermüllung umgegangen werden sollte, blieb die Antwort aus. Die Aussagen der Messies und die Fragen der psychiatrisch Tätigen klafften ähnlich weit auseinander, wie es schon einmal um 1970 und danach, in den Zeiten der antipsychiatrischen

Bewegung der Fall war. Es war noch nicht einmal Einigkeit zu erzielen, daß Messietum und Vermüllungssyndrom zweierlei ist – ursprünglich vermutlich miteinander verwandt, aber in der praktischen Auswirkung und inbezug auf zu treffende psychiatrische Maßnahmen ganz unterschiedlich zu beurteilen.

„Die meisten chronisch Vermüllten sind psychisch krank. Messies dagegen sind vorwiegend Chaoten", schrieb der Spiegel-Redakteur Bruno Schrep am 10.7.2000 in einem Artikel, der sich mit einem einzelnen Fall von Vermüllung befaßte. Die Formulierung „psychisch krank" legt die Zuordnung zur Psychiatrie nahe, und doch muß hier in erster Annäherung ein Unterschied gemacht werden zwischen Menschen, die gewissermaßen nur zufällig mit der Psychiatrie in Berührung kommen, und eigentlichen Psychiatrie-Patienten. Fast jeder kann in eine Situation geraten, in der er potentiell zum psychiatrischen Patienten wird oder zu werden droht. Mir steht der Fall einer Patientin vor Augen, deren Wohnung von der Behörde aus Sanierungsgründen versiegelt worden war. Die Versiegelung war nachlässig gehandhabt worden; die alte Frau kehrte in ihre Wohnung zurück und drohte nun, im Wiederholungsfall aus dem Fenster zu springen. Der Behörde lag natürlich an der Verhinderung eines Skandals und schanzte daher mir – beziehungsweise dem Teil der Behörde, den ich repräsentierte – den Fall zu. Ich sollte diese psychisch im wesentlichen gesunde, psychiatrisch nie auffällig gewesene Frau in eine psychiatrische Klinik einweisen und zu diesem Zweck vom „PsychKG", also dem Gesetz, das die Unterbringung von sich oder andere gefährdenden Personen regelt, Gebrauch machen. Ich glaube, ich weigerte mich in diesem Fall, eine Unterbringung vorzunehmen, und bestand darauf, daß die verantwortliche Behörde selbst eine Bereinigung der entstandenen Notsituation vornahm. Nicht wesentlich anders stellte sich mir anfangs auch die Situation der „Vermüllungs"-Patienten dar, die in dem Augenblick, in dem man ihre Wohnung zwangsweise öffnete und leer räumte, in einen Erregungs- und Ausnahmezustand gerieten, der es geraten erschienen ließ, sie in eine Klinik einzuweisen; in diesen Fällen stand

136

kein Hotelzimmer oder dergleichen bereit, in welchem der seiner Bleibe akut verlustig Gegangene hätte unterkommen können. Es ist also nicht dieser psychische Ausnahmezustand bei „Entmüllung", der mich für eine Zuordnung der von Vermüllung betroffenen Patientenzur Psychiatrie plädieren läßt. Was mich dazu bewogen hat, von „Vermüllungssyndrom" als einer autochthon psychischen Störung zu sprechen, ist etwas anderes: die langjährige Beobachtung nämlich, daß etwas an ihrer Beziehung zu ihrer Wohnung nicht stimmt; daß sie mit anderen Worten eine pathologische Beziehung zu dieser Wohnung eingehen bzw. ihre Beziehung zur Wohnung über einen gewissen Zeitraum hin, wovon die Umwelt zunächst nichts merkt, pathologisch entgleist. Das Objekt Wohnung und die ihm entsprechende im Innern des Bewohners vorhandene Vorstellungsrepräsentanz stimmen nicht überein. Ich hatte einmal eine alte Frau zu betreuen, die mir erregt ihren vollen Kleiderschrank zeigte und erklärte: „Sehen Sie – alles weg, alles gestohlen!" Die Fähigkeit, Eigentum als Eigentum wahrzunehmen, war aufgrund der bei ihr bestehenden Alterspsychose gelöscht, ins Negative verkehrt. Es entsprach dieser vor langer Zeit gemachten Erfahrung, daß eine in Darmstadt anwesende Messie-Vertreterin mir erzählte, ihre Wohnung sei jetzt frei von Vermüllung; wenn sie aber Fotos von der inzwischen unauffälligen Wohnung mache, sehe sie darauf immer noch die Vermüllung. Eine qualitative Veränderung, welche die Objektrepräsentanz betrifft, verhindert also die realitätsgerechte Wahrnehmung der häuslichen Umgebung. Die Psychiatrie kennt übrigens noch eine andere, längst als „echt" erkannte psychische bzw. psychotische Erkrankung, bei welcher eine pathologische Beziehung zur Wohnung ausschlaggebend ist: die sogenannte Umzugsdepression, die im wesentlichen darin besteht, daß die Betroffenen – ausnahmslos Frauen – ihre Bindung an die umzugshalber verlorengegangene Wohnung nicht aufgeben können, selbst dann nicht, wenn die neue Wohnung in jeder Hinsicht eine Verbesserung darstellt. Die Störung betrifft also eindeutig nicht das Objekt selbst, sondern die Objektrepräsentanz. Die resultierende Depression unterscheidet sich im übrigen nicht von anderen Depressionen, nur daß in diesem Fall die Patientin weiß – oder zu wissen meint - , welches Trauma ihr widerfahren ist. Der Psychiater wird angefleht, die Veränderung rückgängig zu machen und die verlorengegangene Beziehung zu der alten Wohnung wiederherzustellen. Oft sind diese Patientinnen suizidal: ihr Denken kreist unaufhörlich um die alte Wohnung, die als irreversibel verloren empfunden wird; aber natürlich ist es nicht die Wohnung als solche, sondern die Bindung an sie – das in ihr erlebte und an ihr festgemachte Geborgensein - , die als abhandengekommen erlebt wird.

Es ist schwer zu sagen, wofür die Wohnung unbewußt oder vorbewußt steht; wir sind auf Vermutungen angewiesen. Ich würde aufgrund der Erfahrungen mit Umzugsdepressionen und ebenso meiner Erfahrungen mit alten Menschen sagen, daß die Beziehung zur Wohnung der Beziehung zur (frühen) Mutter gleichgesetzt wird. Es wird also gewissermaßen der Verlust der Mutter betrauert beziehungsweise – wie man in Kenntnis von Freuds „Trauer und Melancholie" hinzufügen muß – pathologisch betrauert. Vergleichbare Verhältnisse bestehen beim Vermüllungspatienten. Es ist, als wäre er an ein Stadium fixiert geblieben oder per Regression zu ihm zurückgekehrt, in welchem Leben ohne eine ständig parate, versorgungsbereite (und also auch den anfallenden „Müll" beseitigende) Mutter garnicht vorstellbar ist. Unwillkürlich denkt man an das Verhalten von Vogelmüttern, wie es uns aus Tierfilmen geläufig ist, welche die Exkremente des Vogeljungen – oft eingeschlossen in eine kleine Blase – in ihrem Schnabel forttragen und so das Nest sauberhalten: nur daß im Fall des Vermüllungspatienten diese versorgende bzw. entsorgende Mutter fehlt. Der Vermüllungspatient hat diese Entsorgungsfunktion nicht in seine eigene Regie übernommen, oder sie ist ihm, nachdem er schon einmal über sie verfügte, wieder entglitten. Das von mir beschriebene „Vermüllungssyndrom" weist so, psychodynamisch gesehen, eine Dreiteilung auf: erstens die entsorgungsbedürftige Wohnung, zweitens der Bewohner, und drittens die intrapsychisch als abwesend erlebte Mutter, die noch nicht einmal gedacht werden kann: könnte sie "gedacht" werden (wäre sie, mit anderen Worten, einer „Repräsentanz" fähig), wäre ein Substitut möglich; aber eben dieses Substitut – etwa in Gestalt hilfreicher Freunde oder eines

Betreuungspflegers – kann der Betroffene nicht als hilfreich wahrnehmen und aus diesem Grunde keinen Gebrauch davon machen. Die amerikanische Psychiatrie hat das Phänomen eines „help-rejecting complainer" beschrieben (Hartocollis, 1977), also die klinische Erfahrung, daß ein Patient Hilfe anfordert, von dieser jedoch – auch wo sie adäquat gewährt wird – keinen Gebrauch machen kann. Michael Balint als Psychoanalytiker hat die Fähigkeit eines Patient zu klagen als eine im Ansatz konstruktive beschrieben (Balint, 1970); mittels der Klage versucht der Patient, der ihn umklammernden Regression zu entkommen. Ich habe jedoch nie – im Umgang mit Vermüllungspatienten – einen Klagelaut gehört. Gelegentlich schien es mir zwar so, als könnten die Patienten sich von mir als dem von draußen kommenden Beobachter meinen Beobachterblick entleihen; aber auch in Fällen, in denen dieser Vorgang ingangzukommen schien, änderte sich nichts am Verhalten des Patienten: er hielt an seiner Vermüllungsszenerie fest. Ein eigentlicher Leidensdruck kam immer erst mit der Zwangsräumung in Gang und muß infolgedessen als sekundär bezeichnet werden. Die Schwere der Regression – die in die Zeit der frühkindlichen Entwicklung zurückreicht (in der das Ausscheidungsverhalten ein Problem der Mutter, aber noch nicht des Kindes selbst ist) – macht echte Selbstbeobachtung auch bei intelligenten und differenziert erscheinenden Vermüllungspatienten unmöglich; sie können sich von ihrer Umgebung nicht durch Beobachtung abgrenzen, nicht als von ihr getrennt erleben. Heinz Kohut hat einmal zwischen zwei verschiedenen Modalitäten unterschieden, sich selbst im Spiegel zu betrachten: ein „narzißtischer" Blick, welcher der Aufrechterhaltung des Selbstwertgefühls dient, und ein Aufmerksamkeitsblick, welcher etwaigen Unvollkommenheiten des Gesichtes, der Kleidung, der Gesamterscheinung gilt. Die echten Vermüllungspatienten sind zu dieser zweitgenannten Form der Wahrnehmung nicht in der Lage; ihre Wahrnehmungs- und Beobachtungsfunktion wird nicht in den Dienst des Ich gestellt, sondern bleibt zwischen dem Ich und einer Art „innerer Außenwelt" (sprich: Objektrepräsentanz) unentschieden in der Schwebe. Kein Zweifel jedoch, daß gesellschaftliche Veränderungsprozesse diese Tendenz zur Regression, die Schwächung der Über-Ich-Instanz begünstigen.

II

Es vergeht manchmal kaum eine Woche, ohne daß wir in der Tagesschau von Flugzeug-, Fähr- oder Bahnunfällen hören, bei denen Nachlässigkeit, mangelnde Sorgfalt, „menschliches Versagen" eine Rolle spielt. Häuserwände und Züge sind mit Graffiti beschmiert, und an einigen Stellen wird schon auf diese Technik zurückgegriffen, um einer leeren Häuserwand zu mehr Schmuck und Bedeutung zu verhelfen. Insgesamt ist dies ein Zustand, der an Chaos zumindest grenzt oder, vorsichtiger gesagt, uns die Möglichkeit eines irgendwann hereinbrechenden Chaos vor Augen hält. Und ganz offenbar haben ja die sogenannten Messies vor allem mit dieser Gefahr, einem sie bedrohenden inneren oder äußeren Chaos zu tun. Ihm wollen sie abhelfen oder sich zumindest darüber verständigen und tun sich zu diesem Zweck in Selbsthilfegruppen zusammen. Was ist aber „Chaos", psychologisch gesehen? Die amerikanische Psychiatrie, die wesentliche Konzepte der Psychoanalyse übernommen und integriert hat, verwendet unter anderem auch das psychoanalytische Abwehrkonzept und beschreibt Zustände, in denen die gesamte Abwehrorganisation eines Menschen in sich zusammenbricht. Der Patient – schreibt Léon Grinberg (in: Hartocollis, 1977,134) – erwecke zeitweise den Eindruck, als falle sein seelischer Apparat in Stücke. Und dieser Zustand wiederum ist von zeitgenössischen Autoren, ohne Wissen um solche psychiatrischen Konzepte, aus eigener authentischer Erfahrung erstklassig beschrieben worden. Ich zitiere im Folgenden zwei Autoren bzw. Autorinnen, die ihr darstellerisches Können – beide konnten mit der Zeit diese anfängliche Höhe nicht halten – häufig in den Dienst der Aufgabe stellten, Zustände zu beschreiben, wie sie Grinberg von psychoanalytischer Seite beschrieben und unter dem Begriff „dismantling" zusammengefaßt hat: zu deutsch etwa „sich seelisch nackt fühlen" oder, wörtlich, „Mantelverlust". Möglich, daß beide Autoren, wie die sich zunehmend abschwächende literarische Qualität ihrer Arbeiten zeigt, solches Ausgesetztsein und die damit verbundene seelische Verletzbarkeit nicht lange aushalten konnten; Handke flüchtete sich in immer größere (zuletzt

140

auch politische) Verstiegenheiten, und bei Doris Lessing manifestierte sich die Fluchttendenz in ihren fünf Science-Fiction-Romanen, denen auch nicht der wohlwollendste Betrachter Lesbarkeit wird bescheinigen wollen. Aber auf dem Gipfel ihres Könnens waren gerade diese beiden Autoren besonders befähigt, seelische Grenzzustände von der Art des „dismantling", also chaotische Erfahrungen darzustellen.

Ich zitiere zunächst aus Peter Handkes Text „Die Stunde der wahren Empfindung" von 1975. Im Verlauf dieser Erzählung kommt dem Ich-Erzähler seine kleine Tochter abhanden, was verständlicherweise schwere Ängste in ihm auslöst und ihn in unmittelbare Nähe eines „dismantling" bringt; aber bereits vorher, noch ehe der akute Verlust eintritt, war ein solches „dismantling" in ständiger Reichweite. Ich zitiere:

Als er über den jetzt, Ende Juli, leeren Kinderspielplatz am Carré Marigny ging, war der Himmel schon ganz bedeckt. Es blies ein starker, kalter Wind, und die Kastanienbäume rauschten, daß man die Autos auf den Champs-Elysées nicht mehr hörte. Kleine morsche Zweige spritzten auf den Boden. Die Pferde an dem Kinderkarussell waren den Sommer über mit Säcken und Plastikhüllen verdeckt und mit dicken Stricken zugeschnürt. Es wurde ziemlich dunkel; Keuschnig war allein auf dem Carré, Staub wehte ihm in die Nase. Der Wind blies jetzt so stark, daß er plötzlich eine grausige Angst bekam und sich nicht mehr beherrschen konnte. Er lief zu dem Telefon an einer Bushaltestelle der Avenue Gabriel und rief an: Agnes war da - sie hob selber ab, biß beim selbstvergnügten Antworten ein Bonbon durch ... (Handke 1975, 61f.)

Ein anderes Beispiel für diese Tendenz zu seelischem Auseinanderfall findet sich in „Langsame Heimkehr" (1979), wo der Protagonist in einem anfahrenden Bus eine Nachbarsfrau zu erkennen glaubt, sich aber entweder irrt oder von ihr nicht erkannt wird:

Als der Bus wieder anfuhr, blickte sie zur Seite, sah ihn, betrachtete ihn sogar bis zu den Schuhen hinunter, erkannte ihn aber nicht. Er sprang auf und klopfte gegen die Scheibe; doch es war schon eine andere Scheibe, mit einem anderen Gesicht, das aus dem weiterfahrenden Bus verwundert zu ihm zurückschaute; - und da geschah es, daß Sorger, unbeobachtet unter dem reinen Nachthimmel, heftig errötete. (Handke 1979, 131)

Das Erröten zeigt, in welchem Maße die Selbstwertstruktur des Protagonisten von dem Vorfall affiziert wird. Seine Wahrnehmungs- und Identifizierungsfunktion hat versagt; hinzu kommt jedoch, daß er selbst aufgrund seines Irrtums nicht erkannt, nicht wahrgenommen worden ist. Der Selbstvorwurf lautet, daß er nicht imstande war oder doch nicht sicher imstande gewesen ist, eine von ihm geschätzte Nachbarin von einer beliebigen fremden Frau zu unterscheiden. Das nun einsetzende „dismantling" führt dazu, daß der Protagonist nicht nur sich selbst, sondern die gesamte Umwelt bis hin zu Meer und Kiefernwald als irreal, verzerrt, unheimlich erlebt:

> Er ging hin und her, denkunfähig. Er hatte sich doch für unzerstörbar gehalten. Er blieb stehen und spürte, wie er dabei war, was die geplante Abhandlung betraf, für immer zu scheitern: er konnte diese vielleicht schreiben, würde aber „von niemandem mehr gehört werden". „Kein Chaos!" war das einzige, was er noch sagen konnte: dann sauste er wie in einer Sprachlosigkeitskanzel aus dem Raum hinaus, der sich verzerrte und dann ganz weg war.
> „Raumverbot!"
> Das Meer wurde unheimlich, aber auch die Siedlung im Kiefernwald; trostlos die ganze Stadt, aber auch jeder Anschein von Natur. „Ihr Busse, bringt mich fort von hier". (Ebda., 132)

Der letzte Satz – eine direkte Anrede der unbelebten Busse – bestätigt die von Grinberg im gleichen Zusammenhang mitgeteilte Beobachtung, daß von „dismantling" bedrohte Menschen Schwierigkeiten haben, zwischen belebten und unbelebten Dingen zu unterscheiden. Wir finden also in diesen drei Zitaten mehrere Kriterien, die uns den Vorgang eines „dismantling" und damit die drohende Nähe eines inneren Chaos nahebringen: heftige Scham, Zusammenbruch der Selbstwertstruktur, Verwischung der Grenze zwischen belebt und unbelebt und die Aufladung der Außenwelt mit unheimlicher Bedeutung, etwa in Gestalt rauschender Bäume. Was zu anderen Zeiten

und auf andere Menschen vielleicht vertraut wirkt, hat hier „chaotischen" Charakter.

Die anderen von mir ausgewählten Zitate stammen von einer Autorin, die hierzulande vor allem durch ihr „Goldenes Notizbuch" be-
kanntgeworden ist: die in Südafrika aufgewachsene, in London lebende Doris Lessing. Zu den Texten ihrer besten Schaffensperiode
gehört ihr „Katzenbuch" („Particularly Cats"), das von einer schweren häuslich-familiären Krise während der Adoleszenz der Autorin
erzählt. Auf der elterlichen Farm im damaligen Südrhodesien gab es
Katzen im Überfluß – Katzen im Haus und Katzen im Busch – also
Wildkatzen -, die sich untereinander ständig paarten und so einen
Überschuß an jungen Katzen produzierten, darunter viele Mißbil-
dungen. Die Bewohner der Farm hatten keine andere Möglichkeit als
die, sich in regelmäßigen Abständen des Überschusses an Katzen
gewaltsam zu entledigen. Diese Aufgabe fiel Jahr für Jahr der Mutter
der Autorin zu:

... Meine Mutter übernahm, das Geschäft der Vernichtung, eine sich
im Rahmen der häuslichen Aufgabenteilung ergebende Pflicht, über
die ich erst sehr viel später nachzudenken begann (...) Es gab eine
Flinte im Haus und einen Revolver, und es war meine Mutter, die
Gebrauch davon machte. (1981, 10)

Doris Lessing berichtet nun weiter, daß in einem bestimmten Jahr die
Mutter in ihrer Funktion als Katzenvertilgerin ausfiel. Sie war in
diesem Jahr nicht bereit, für die Dezimierung des Katzenbestandes
zu sorgen, verließ das Haus – ungewiß, wohin sie ging – und über-
ließ das Problem ihrem Mann und der halbwüchsigen Tochter. Offenbar war sie aus innerseelischen Gründen nicht fähig, dem Chaos
weiterhin Grenzen zu ziehen, wodurch sich nun Ehemann und
Tochter mit diesem Chaos konfrontiert sahen. Es fragt sich jedoch,
ob es wirklich nur um die Katzen ging, oder ob die Mutter nicht vor
allem deshalb an eine Grenze gelangte, weil sie mit ihrer aufsässigen
pubertierenden Tochter nicht mehr zurechtkam. Nicht zufällig gibt es
oder gab es kindliche Abzählspiele und –reime (die ich in meiner
Kindheit noch selbst gehört habe), in denen ein Vater-Tochter-Paar

schuldig gesprochen wird, weil sie die (im Spiel so genannte) „Meier'sche Brücke" zerbrochen haben. „Wer hat sie zerbrochen?" wird gefragt, und die Antwort lautet „Ein Mann mit seiner Tochter". Mag sein, daß es hier in verschlüsselter Weise um Inzest ging: in jedem Fall geht es darum, daß die menschliche und mitmenschliche Ordnung – in Gestalt einer Brücke – schwer beeinträchtigt worden ist. An diese Abzählreime mußte ich wieder denken, als ich darüber nachdachte, was die Mutter der Doris Lessing so verstört, aus dem Haus getrieben haben könnte. Doris Lessing deutet an, daß zu jener Zeit ihr Konflikt mit ihrer Mutter im Vordergrund stand:

> ... Zu der Zeit stand ich in Kampf mit meiner Mutter, einem tödlichen Streit, einem Kampf ums Überleben, und das hatte vielleicht mit dem Ganzen zu tun, ich weiß es nicht. Aber jetzt frage ich mich, entsetzt, was für ein Zusammenbruch in ihrer Beherztheit sich ereignet hatte. War es vielleicht ein Protest? Welche inneren Unglücksgefühle drückten sich auf diese Weise aus? Was mag sie in jenem Jahr gesprochen haben, als sie kein Kätzchen ertränken, keine Katzen töten wollte, die doch danach verlangten? Und, zuguterletzt, warum ging sie fort und ließ uns zwei allein? (...)? Ein Jahr, weniger als das, nachdem meine Mutter sich geweigert hatte, als Regulator, Schiedsrichter, Waage zwischen Sinn und sinnlosem Wuchern der Natur zu fungieren, waren die Schuppen um das Haus herum und das Buschland um die Farm herum von Katzen übervölkert. Katzen aller Altersstufen, zahme und wilde Katzen und Mischlinge (...) Es gab nichts, was uns davor geschützt hätte, binnen einiger Wochen zum Schlachtfeld für hundert Katzen zu werden. (ebd, 13-14)

Der Mutter-Tochter-Konflikt verzahnte sich also mit dem Katzenüberschuß, und beides zusammen drohte der Mutter das Leben auf der Farm unerträglich zu machen. Erst nachdem sich Vater und Tochter der im Haus verfügbaren Schußwaffen selbst bedient und den Katzenüberschuß beseitigt hatten, konnte sie zurückkehren. Dieses auf den ersten Blick unerklärliche Fortgehen und Fernbleiben der Mutter muß Doris Lessing tief beeindruckt haben, denn sie beschreibt die Situation so, daß der Leser nicht im Zweifel bleibt über die Motive der Mutter, und daß, zweitens, die Episode sich tief einprägt. Mir prägte sie sich so tief ein, daß ich bei meiner Teilnahme an jenem

Messie-Treffen in Berlin, Mai 2000, sofort an sie denken mußte, als eine Teilnehmerin von ihrem Problem erzählte: daß es für sie nach einem Umzug und einer damit verbundenen Trennung einfach nicht weiterging. Hatte ich ursprünglich angenommen, die Krise der Mutter sei Ausdruck einer larvierten Depression, so ging ich jetzt dazu über, schlicht von einer Gleichgewichtsverschiebung im Leben der Betroffenen auszugehen: diejenigen Kräfte des Lebens, die vorwärtsdrängen, büßen an Kraft ein, und es resultieren Stillstand, Stagnation; vom sozialen Umfeld her gesehen: Chaos. Wichtig erscheint mir jedoch, auf die prinzipiell vorhandene Möglichkeit eines kreativen Durchbruchs hinzuweisen, welcher der Stagnation ein schlagartiges Ende bereiten würde. Chaos und Kreativität sind einander zugeordnet wie in Doris Lessings Hauptwerk „The Golden Notebook", wo es im Vorwort heißt:

... Mit all unsern Institutionen, von der Polizei zum Universitätsleben, von der Medizin bis zur Politik, achten wir wenig auf die, die fortgehen – jener Prozeß der Elimination, der die ganze Zeit über vor sich geht und der sehr früh diejenigen erfaßt, die am ehesten originell und reformerisch werden könnten, wobei all die andern zurückbleiben, die von etwas angezogen werden, was sie bereits „sind". Ein junger Polizist verläßt die Truppe und sagt, daß er die ihm gestellten Aufgaben nicht erfüllen kann. Eine junge Lehrerin verläßt die Schule, aus enttäuschtem Idealismus. Dieser gesellschaftliche Prozeß vollzieht sich nahezu unbemerkt – ist aber so mächtig wie irgendwelche anderen Mechanismen, die unsere Institutionen so starr und ausweglos bleiben lassen. (Lessing, 1973, 16)

Es ist nicht schwer, in den von Doris Lessing beschriebenen Figuren, die aus dem gesellschaftlichen Kontext ausscheren, die fortgegangene Mutter wiederzuerkennen, deren Verweigerung der halbwüchsigen Tochter großen Eindruck gemacht haben muß. Hatte sie als Halbwüchsige (scheinbar) zu wenig auf das Fortgehen der Mutter geachtet, so fordert sie nun dazu auf, stärker auf die zu achten, die „fortgehen".

III

Das jetzt zu Ende gehende Nietzsche-Gedenkjahr läßt auch an die Gestalt Nietzsches denken, an der der Wechsel von produktivem Aufschwung und geistiger Öde besonders markant ist. Ich möchte jedoch auf etwas Spezielleres hinaus: die in unserem Zusammenhang aufschlußreiche Tatsache, daß ein aufmerksamer, sensibler Beobachter das Darniederliegen von Nietzsches geistigen oder seelischen Kräften mit Augen sehen, an den Begleitumständen seines Lebens ablesen konnte. Nietzsches alter Freund Paul Deussen berichtet von einem Besuch bei Nietzsche in seinem Domizil in Sils-Maria, September 1878:

> Es war eine einfache Stube in einem Bauernhause, drei Minuten von der Landstraße: Nietzsche hatte sie während der Saison für einen Franken täglich gemietet. Die Einrichtung war die denkbar einfachste. Auf der einen Seite standen seine mir von früher her meist noch wohlbekannten Bücher, dann folgte ein bäurischer Tisch mit Kaffeetasse, Eierschalen, Manuskripten, Toilettegegenständen in buntem Durcheinander, welches sich weiter über einen Stiefelknecht mit dem darin steckenden Stiefel bis zu dem noch ungemachten Bett fortsetzte. Alles deutete auf eine nachlässige Bedienung und einen geduldigen, sich in alles ergebenden Herrn. (zitiert nach Frenzel, 1966, 117-118).

Es ist offenkundig, daß Deussen hier einen chaotischen Zustand beschreibt. Wichtig erscheint mir in psychodynamischer Sicht der Hinweis auf die „nachlässige Bedienung", denn hintergründig könnte das ein Fingerzeig sein auf diejenige Figur in Nietzsches Leben – womöglich eher den in Nietzsches fünftem Lebensjahr verstorbenen Vater als die Mutter -, die mit ihrem Fortfall und ihrer andauernden Abwesenheit die Hauptursache des an Nietzsche so auffällig in Erscheinung tretenden Ungleichgewichts gewesen sein könnte. Wenn man das Durcheinander in Nietzsches Pensionszimmer als Pendant, als die äußere, gegenständliche Entsprechung zu Nietzsches innerer Unordnung versteht, liegt es nahe, in der „nachlässigen Bedienung" nur eine Begleiterscheinung und in Nietzsches innerer Verfassung das Hauptproblem zu sehen.

„Das Glück meines Daseins, seine Einzigkeit vielleicht, liegt in seinem Verhängnis: ich bin, um es in Rätselform auszudrücken, als mein Vater bereits gestorben, als meine Mutter lebe ich noch und werde alt", heißt es in „Ecce Homo" zu Beginn des Kapitels „Warum ich so weise bin" (Nietzsche III, 516). Das Rätselhafte oder, wenn man will, die orakelartige Form dieses Ausspruchs zeigt bereits etwas von dem verzwickten Zusammenhang, der bei Nietzsche zwischen privater Misere und kreativem Aufschwung besteht. Es bleibt letztlich ungewiß, ob mit „Vater" und „Mutter" die persönlichen Eltern, genetische Größen oder psychologische Mächte gemeint sind, und diese Vieldeutigkeit eines an der Schwelle der Moderne stehenden Autors enthält bereits viel von der Begriffsverwirrung, in der wir uns ein Jahrhundert später bewegen. Die alten Autoritäten sind inzwischen fortgefallen, mit schwerwiegenden Auswirkungen auf die Über-Ich-Bildung und Über-Ich-Funktion sowohl im individuellen wie im kollektiven Bereich: wo früher eine religiös beglaubigte, notfalls autoritär verteidigte kosmische Ordnung zu finden war, existiert jetzt das Chaos, eine möglicherweise von Anfang an und bis in die äußersten Verästelungen hinein chaotische Welt. Von diesen chaotischen Aspekten will ich nur einen herausgreifen und etwas näher untersuchen, nämlich die von der geistigen Elite im Umkreis Nietzsches (aber auch schon vor Nietzsche) vorgenommene und mit Vehemenz durchgesetzte Einbeziehung alles Chaotischen, sich Auflösenden, in Verfall Begriffenen in unser geistiges Bild der Welt.

Einer der grundlegenden Texte, auf die diese Schwerpunktverlagerung zurückgeht, ist Baudelaires Gedicht „La Charogne" („Das Aas") aus den Mitte des 19. Jahrhunderts entstandenen „Fleurs du Mal". Moderne Kunst, die nicht in irgendeiner Weise mit diesem „Modell" in Berührung gekommen ist, erscheint undenkbar; man begegnet Spuren in Franz Werfels Gedicht „Jesus am Äserweg" ebenso wie in einer Episode von Thomas Manns Erzählung „Die Betrogene" von 1953, in der Mutter und Tochter auf einem Spaziergang einem vielfältig zusammengesetzten Aas-Unrat-Haufen begegnen:

Es war, am Wegesrand, ein in der Sonne kochendes, mit Schmeißfliegen dicht besetztes und von ihnen umflogenes Unrathäufchen,
das sie lieber gar nicht genauer betrachteten. Auf kleinem Raum waren da Tierexkremente, oder auch menschliche, mit faulig Pflanzli-
chem zusammengekommen, und der weit schon verweste Kadaver
irgendeines kleinen Waldgeschöpfes war auch wohl dabei. Kurz, fie-
ser konnte nichts sein als dies brütende Häufchen; seine üble, die
Schmeißfliegen zu Hunderten anziehende Ausdünstung aber war in
ihrer zweideutigen Übergänglichkeit und Ambivalenz schon nicht
mehr Gestank zu nennen, sondern ohne Zweifel als Moschusgeruch
anzusprechen. (Mann, 1963, 703)

Rainer Maria Rilke hat in seinen „Aufzeichnungen des Malte Laurids
Brigge" (1910) Baudelaires „Charogne" zum Programmgedicht der
modernen Literatur erhoben. Bei seinem Herumwandern in Pariser
Straßen erblickt er eine Abrißmauer und rekonstruiert daraus schlag-
artig die Geschichte der ehemaligen Bewohner:

Neben den Zimmerwänden blieb die ganze Mauer entlang noch ein
schmutzigweißer Raum, und durch diesen kroch in unsäglich wider-
lichen, wurmweichen, gleichsam verdauenden Bewegungen die offene, rostfleckige Rinne der Abortröhre (...) Am unvergeßlichsten
aber waren die Wände selbst. Das zähe Leben dieser Zimmer hatte
sich nicht zertreten lassen (...) Man konnte sehen, daß es in der Farbe
war, die es langsam, Jahr um Jahr, verwandelt hatte: Blau in
schimmliges Grün, Grün in Grau und Gelb in ein altes, abgestande-
nes Weiß, das fault. (Rilke, 1922, 65)

Die Menschen, denen Malte in den Straßen begegnet und die aus
solchen Quartieren stammen müssen, nennt er die „Fortgeworfenen",
von denen er sagt, daß sie langsam die Gasse herunterrinnen „mit
einer dunklen, schmutzigen Spur hinter sich" (ebd, 55). An absto-
ßenden Eindrücken dieser Art – beispielsweise Maden, die sich in
Wunden eingenistet haben und sich an den Ärmeln der Betreuer
hochziehen, sooft der Kranke umgebettet wird – ist in den „Aufzeichnungen" kein Mangel, und immer bleibt das Vorbild der „Cha-

148

rogne" erkennbar, etwa in den „wurmweichen" Bewegungen, die der Abortröhre zugeschrieben werden. Es ist nach alledem nicht verwunderlich, daß Malte sich – in der Maske des „verlorenen Sohnes" – selbst zu dem Unrat zählt, auf den man ihn, seinem eigenen Selbstwertgefühl zufolge, geworfen hat: „ ... Ihm graute vor dem Unrat, auf dem man ihn verlassen hatte, weil er seinesgleichen war" (Aufzeichnungen II, 179).

Nachwirkungen der „Charogne" und ihres säkularen Modell-Charakters finden sich auch in einem Text, den der Lyriker Erich Fried 1980 in dem Sammelband „Phantastisches Österreich" veröffentlichte. Der Text, der den Titel „Die Falle" trägt, erzählt nicht mehr und nicht weniger als den allmählichen Entstehungsprozeß einer Vermüllung – und diesmal geht es wirklich, wie das Hinzukommen der Komponente des Ekelerregenden beweist, um eine akute klinisch-psychiatrische Störung, etwa von der Art eines pathologischen Trauerprozesses. Der Erzähler ist Bewohner eines Miethauses, dessen Mutter vor kurzem gestorben ist und der kurz darauf erlebt, wie ein großes Transportunternehmen seine Niederlassung im Erdgeschoß aufgibt. Als die Rufe der Umzugarbeiter und die Geräusche des Auszugs verstummt sind, macht er folgende Entdeckung:

> In einem wahrscheinlich nur durch Zufall vergessenen Einsiedeglas hinter der verstaubten Spiegelscheibe des eingegangenen Unternehmens hatte sich eines Tages eine Maus gefangen, rannte voll Angst hin und her und konnte nicht mehr heraus. Aber kein Mensch betrat die leeren Räume. Ich beobachtete sie, acht Tage lang, zweimal täglich, auf dem Weg ins Amt und auf dem Heimweg. Zuletzt waren ihre Bewegungen schwächer, sogar wenn ich mit einem Stück Brot an die Glasscheibe klopfte. Dann starb sie: vor Hunger und Angst. (Fried, 1980, 105)

Der Ich-Erzähler unternimmt keine Schritte, jemanden auf den Tierkadaver aufmerksam zu machen, und so kommt es zur langsamen Mumifizierung der Maus, immer unter den beobachtenden Blicken des Erzählers. Er empfindet das als „gerechte Strafe" – hat er vielleicht die Mutter nicht genug betrauert? – , und nun bemächtigt sich die Qualität des Ekelhaften über den insgeheim gespürten Verwesungsgeruch Schritt für Schritt des ganzen Hauses:

... Daran änderte sich auch nichts, als ich die Wohnungstür mit Filzstreifen abdichten ließ. Damals erwog ich zum erstenmal ernstlich, das Haus zu verlassen. (Ebd, 106)

Ein Delikatessengeschäft kommt ins Erdgeschoß, und die ihm eigenen Gerüche vermischen sich mit den bis dahin dem Hause eigenen Ausdünstungen und nehmen die Qualität des Ekelerregenden an. Hinzu kommt nach einer Weile, daß sich etwas an den Treppenstufen verändert, die der Erzähler Tag für Tag hinauf- und hinuntergeht; sie werden nicht mehr als sauber empfunden, sondern haben sich mit einer zähen Masse vollgesogen, die detailliert beschrieben wird:

... Die losen Ziegel im Treppenhaus klimperten nicht mehr, wie sie es in den letzten Lebensjahren meiner Mutter getan hatten, sondern waren in eine weiche, überaus klebrige Masse eingebettet, die sich wahrscheinlich aus den Käsedünsten niedergeschlagen hatte. Die gleiche Masse hatte in einigen abgenutzten Treppenstufen die Vertiefungen ausgefüllt, nicht unähnlich erstarrendem, aber noch nicht hartem Zement. Ich mußte diese Stufen mit beträchtlicher Vorsicht vermeiden, um nicht kleben zu bleiben. Schon aus der Tatsache, daß keiner der außer mir im Hause Wohnenden ein Wort davon sprach, konnte ich sehen, daß sie geradeso litten wie ich. Denn nur großer Ekel kann den Wohnpartien eines Miethauses angesichts solcher Ereignisse den Mund verschließen. (Ebd, 10879).

Auch wenn die Richtigkeit des letzten Satzes wohl bezweifelt werden muß – in der Realität würden sich wohl als erstes die Nachbarn untereinander verständigen -, ist doch kein Zweifel, daß Erich Fried mit seinem fiktiven Text etwas wesentliches erfaßt hat. Seine „Vermüllung" betrifft zwar das Haus als ganzes (beziehungsweise das Treppenhaus), aber mit der Beschreibung jener zähen Masse auf den Treppenstufen – wie man sie wirklich als Bodensatz in vermüllten Wohnungen antreffen kann – ist genau die Qualität des Ekelhaften bei Namen genannt, die die „feuchte" Form der Vermüllung charakterisiert. Es geht hier nicht mehr um die Qualität des Unaufgeräumten, Vernachlässigten und Chaotischen, es geht um etwas Neues, das jeder verspürt, der je eine echt vermüllte Wohnung betreten hat. Die verbal nicht bearbeitbare Regression des Vermüllungspatienten hat klinisch relevantes Ausmaß, wird von einem bestimmten Punkt an, wie die Rezidivneigung und die mangelnde Therapiebereitschaft dartun, irreversibel. An der Zeit wäre es nun, von bloßen Impressionen wegzukommen und zu versuchen, Langzeitstudien durchzuführen – etwa mit der Fragestellung: Wie entwickelt sich ein irgendwann diagnostizierter Vermüllungsfall in den folgenden zehn Jahren? – und zweitens zu versuchen, Fälle herauszufinden, in denen der Vermüllungsprozeß noch ganz im Anfang, in statu nascendi steht. Während die zuletzt genannte Form der Annäherung vielleicht unmöglich ist – nicht jede chaotische Wohnung eines Adoleszenten entwickelt sich zum „Vermüllungssyndrom" -, sollten Langzeitstudien für die Mitarbeiter eines sozialpsychiatrischen Dienstes möglich sein: streng genommen kann erst danach von einer eigenständigen psychiatrischen Erkrankung gesprochen werden.

Literatur

Balint, N. (1970): Therapeutische Aspekte der Regression. Stuttgart (Klett)

Baudelaire, Ch. (1922): Les Fleurs du Mal. München (Kurt Wolff)

Frenzel, I. (1966): Nietzsche. Rowohlts Bildmonographien 115. Reinbek
(Rowohlt)

Freud, D. (1916): Trauer und Melancholie. GW X. Frankfurt am Main
(S. Fischer)

Fried, E. (1980): Die Falle. In: „Phantastisches Österreich". München (dtv
Band 1503), 105-125

Handke, P. (1975): Die Stunde der wahren Empfindung. Frankfurt am
Main (Suhrkamp)

Handke, P. (1979): Langsame Heimkehr. Frankfurt am Main (Suhrkamp)

Hartocollis, P. (1977): Borderline Personlality Disorders. The Concept, the Syndrome, the Patient. New York (International Universities Press)

Lessing, D. (1981): Particularly Cats. London, Toronto, Sydney, New York (Granada)

Lessing, D. (1973): The Golden Notebook. London (Panther)

Mann, Th. (1963): Die Erzählungen. Frankfurt am Main (S. Fischer)

Nietzsche, F. (1972): Werke in 5 Bänden. Herausgegeben von Karl Schlechta. Frankfurt am Main, Berlin, Wien (Ullstein)

Rilke, R. M. (1922): Die Aufzeichnungen des Malte Laurids Brigge. Leipzig (Insel)

Schrep, B. (2000): Das Mädchen, der Müll und der Haß. DER SPIEGEL, 10.7.2000, 108-111)

Werfel, F. (1920): Einander. Oden, Lieder, Gestalten. München (Kurt Wolff)

weitere Titel von Peter Dettmering
im
VERLAG DIETMAR KLOTZ

PSYCHOANALYSE ALS INSTRUMENT
DER LITERATURWISSENSCHAFT
2. überarb. und erw. Auflage 1995, 148 Seiten, kt., 15,20 EUR,
ISBN 3-88074-136-0

DAS "SELBST IN DER KRISE"
Literaturanalytische Arbeiten 1971-1985
2. überarb. Auflage 1995, 162 Seiten, kt., 15,20 EUR,
ISBN 3-88074-169-7

DICHTUNG UND PSYCHOANALYSE
Thomas Mann - Rainer Maria Rilke - Richard Wagner
5. Aufl. 1995, 229 Seiten, kt., 18,40 EUR, ISBN 3-88074-207-3

DICHTUNG UND PSYCHOANALYSE II
Trennungsangst und Zwillingsphantasie
4. Auflage 1996, 180 Seiten, kt., 18,40 EUR, ISBN 3-88074-266-9

FORMEN DES GRANDIOSEN
Literaturanalytische Arbeiten 1985–1995
1. Aufl. 1997, 226 Seiten, kt., 18,40 EUR, ISBN 3-88074-267-7

KINDER- UND HAUSMÄRCHEN DER BRÜDER GRIMM
Urfassung von 1812-1814
Hrsg. von Peter Dettmering
2. Aufl. 1999, 560 Seiten, kt., 17,80 EUR, ISBN 3-88074-610-9
Copy-Print-Ausgabe: ohne Einband, 11,50 EUR, ISBN 3-88074-311-8

Peter Dettmering ist seit Jahren regelmäßig mit Texten über Psychoanalyse und Literaturwissenschaft in der Zeitschrift *"Psyche"* aus dem Klett Verlag vertreten. Die entsprechenden Ausgaben (sowie alle weiteren "Psyche"-Hefte) können Sie beim Verlag Dietmar Klotz erhalten.

Verlag Dietmar Klotz GmbH, Sulzbacherstraße 45, 65760 Eschborn,
Tel 0 61 96 / 48 15 33, Fax 0 61 96 / 48532
www.verlag-dietmar-klotz.de

Bourne/Ekstrand
Einführung in die
Psychologie

Optimale Gestaltung

Eine in ihrer Art **einmalige graphische Gestaltung**, die viel zur optischen Faszination dieses Buches beiträgt.

Verständlicher Stil

Ein auffallend **klarer, verständlicher Ton**, der trotz des angenehmen Stils nie den wissenschaftlichen Bezug vermissen läßt.

Fallbeispiele

Didaktisch hervorragend aufgearbeitet mit vielen **Fallbeispielen, Arbeitshilfen** und **Zusammenfassungen.**

Praxisteil

Ein einzigartiger **zweiteiliger Kapitelaufbau** mit Darstellungen der Anwendungen und Auswirkungen des dargebotenen Wissens in der Praxis.

Fundgruben

Informieren Sie sich über **Fallbeipiele** und **Forschungsergebnisse.**

Viel Bildmaterial

Cartoons, Fotos, Zeichnungen, Tabellen und vor allem der Einsatz von **Zeitungsartikeln** stellen immer wieder den Bezug zur Praxis und eine Synthese zwischen dem **Wissen alter psychologischer Schulen** und der **neueren Forschung** her.

SUPER PREIS

Verschiedene Ausgaben machen das Buch für jeden erschwinglich.

Lyle E. Bourne / Bruce R. Ekstrand

Einführung in die Psychologie
3. Auflage 2001, 646 Seiten, zahlreiche Abbildungen und Tabellen.

Kartonierte Ausgabe:
EUR 29,80 / SFr. 52,80
ISBN 3-88074-500-5

Studien-Ausgabe (ohne Einband):
EUR 19,90/SFr.36,30
ISBN 3-88074-501-3

Verlag Dietmar Klotz
Sulzbacher Str. 45, D-65760 Eschborn
Tel. 0 61 96 / 48 15 33 ✳ Fax 0 61 96 / 48 5 32 ✳ E-Mail Verlag.Dietmar.Klotz@t-online.de
Internet: www.verlag-dietmar-klotz.de

Psychotherapie

Klientenzentrierte Psychotherapie bei schweren psychischen Störungen

Ute und Johannes Binder

Klientenzentrierte Psychotherapie bei schweren psychischen Störungen

Neue Handlungs- und Therapiekonzepte zur Veränderung

5. Auflage 1998, 300 Seiten, kt., 20,30 EUR, ISBN 3-88074-120-4

Die Autoren entfalten innovative Konzepte zur Hei-lung, die überzeugend sichtbar machen, daß klienten-zentrierte Psychotherapie sowohl in der theoretischen Basis als auch in ihren Handlungsformen kontem-porären psychologischen Grundpositionen entspricht.

Ute Binder

Empathieentwicklung und Pathogenese in der klientenorientierten Psychotherapie

Überlegungen zu einem systemimmanenten Konzept

2. Auflage 1999, 143 Seiten, kt., 12,70 EUR, ISBN 3-88074-252-9

Ute Binder untersucht diese zentrale Determinante in der Formung des Selbst und des Beziehungs- und Bindungsverhaltens, um die Zusammenhänge mit den psychischen Störungen herauszuarbeiten. Sie schlägt dabei eine Brücke zwischen dem psychotherapeutischen Konzept des empathischen Verstehens und der Rekonstruktion gestörter Empathieentwicklung.

Norbert W. Lotz/René F. W. Diekstra

Rational-Emotive Therapie – RET –

Eine zusammenfassende Betrachtung

2. Auflage 1995, 72 Seiten, kt., 9,10 EUR, ISBN 3-88074-244-8

Das Buch gibt einen kurzen und prägnanten Einblick in die RET. Es beschreibt Enstehungsgeschichte, philosophischen Hintergrund, empirische Fundierung und in systemisch-übersichtlicher Weise die verschie-denen Arbeitsschritte mit Beispielen aus der Praxis

Norbert W.Lotz / Wolf-Ulrich Scholz

FIRST-Papers zur Rational-Emotiven Verhaltenstherapie.

6 Aufsätze aus den Jahren 1988-1990

1. Aufl. 2002, kart, 14,80 EUR, ISBN 3-88074-455-5

Aus dem Inhalt: Die Rolle des Therapeuten in der RET. Der Sokratische Dialog. Gedanken und Gefühle. RET in Gruppen. Der Ansatz der RET in der Paartherapie. RET mit Kindern.

Erwin Ringel

Der Selbstmord

Abschluß einer krankhaften psychischen Entwicklung.Eine Untersuchung an 745 geretteten Selbstmördern

7. Auflage 1999, 235 Seiten, kt., 18,80 EUR, ISBN 3-88074-221-9

Das präsuizidale Syndrom ist heute allgemein international bekannt und anerkannt, es ist der bisher verläßlichste Gradmesser bestehender Selbstmordgefahr, ein Alarmsignal, das bei entsprechender Kenntnis, die nicht nur dem Fachmann möglich ist, nicht übersehen werden dürfte.

Erwin Ringel (Hg.)

Selbstmordverhütung

6. Auflage 1999, 225 Seiten, kt., 18,80 EUR, ISBN 3-88074-224-3

Dieses Buch wurde für die Praxis der Selbstmordprophylaxe geschrieben. Es soll vor allem diejenigen, die direkt im Dienste dieser menschlich wichtigen Aufgabe stehen, also Ärzte aller Fachrichtungen, Lehrer, Erziehungspersonen, Seelsorger und Fürsorger in die Lage versetzen, wirksamer und erfolgreicher zu arbeiten.

Charles E. Schaefer/Howard L. Millmann

Kompendium der Psychotherapie von Kindheit und Pubertät

2. Auflage 1997, 628 Seiten, kt., 34,80 EUR, ISBN 3-88074-151-4

Die Auswahl der angemessenen Behandlungstechnik ist wahrscheinlich die kritischste aller Entscheidungen, die der Psychotherapeut zu treffen hat. Dieser Band soll diese Entscheidung erleichtern, indem er eine Zerlegung der allgemeinen Krankheitsbilder in spezifische Komponenten anregt.

Martin R. Textor (Hg.)

Das Buch der Familientherapie

Sechs Schulen in Theorie und Praxis

6. Aufl. 2002, 300 Seiten, kart.,17,40 EUR, ISBN 3-88074-150-6

In den vergangenen Jahrzehnten entwickelte sich die Familientherapie zu einer weitverbreiteten und anerkannten Therapieform. In diesem Sammelband werden unterschiedliche Theorien der Familientherapie dargestellt. Dabei vermitteln viele Fallbeispiele und Transkripte einen Eindruck von der Praxis und können Beratern, Psychologen, Sozialarbeitern und Studenten als Anleitung dienen.

Standardwerke

Ute Binder / Johannes Binder
Studien zu einer störungsspezifischen klientenzentrierten Psychotherapie
Mit einem Geleitwort von Ursula Strautmann
3. Aufl. 1999, 468 S., kt., EUR 20,30 ISBN 3-88074-239-1

Hier wird das Konzept von Carl Rogers auf Grundlage umfassender Erfahrungen weiterentwickelt in Richtung auf klinisch relevante Behandlungsmodelle.Zentral ist der Versuch, von einem inhaltlichen Verständnis für Störungen auszugehen und darauf bezogene therapeutische Konzepte zu entwerfen.

Jürg Kollbrunner
Das Buch der Humanistischen Psychologie
Eine ausführliche einführende Darstellung und Kritik des Fühlens, Denkens und Handelns in der
Humanistischen Psychologie
3. Aufl. 1995, 564 S., kt., EUR 24,50; ISBN 3-88074-175-1

Der wachsende Einfluß der Humanistischen Psychologie gab Anlaß zu diesem lesenswerten Buch. Das Buch der Humanistischen Psychologie ist zugleich dreierlei:
1. eine umfassende praktische Einführung in die Humanistische Psychologie und in humanistisch-psychologisches Denken, Fühlen und Handeln;
2. eine allgemeinverständliche Auseinandersetzung mit den erkenntnistheoretischen Besonderheiten humanistisch psychologischer Forschung und
3. eine ausführliche fachliterarische und persönliche Kritik der Humanistischen Psychologie.

Annegret Overbeck / Gerd Overbeck (Hg.)
Seelischer Konflikt - Körperliches Leiden
Reader zur psychoanalytischen Psychosomatik
7. Aufl. 1998, 377 S., kt., EUR17,80 ; ISBN 3-88074-229-4
Mengenpr. ab 25 Expl. je EUR 14,20
CP-Ausgabe ohne Einband, EUR 11,60; ISBN 3-88074-341-X

Die in diesem Buch angewandte Systematisierung zeigt die historische Entwicklung der psychoanalytischen Psychosomatik auf und führt gleichzeitig zu einem einheitlichen Konzept dieser wissenschaftlichen Disziplin. Beiträge bekannter Autoren, u.a. A. Mitscherlich und H. Stierlin, sind versammelt, um einen Überblick über die psychoanalytische Psychosomatik zu geben.

Wolfgang Stroebe / Margaret S. Stroebe
Lehrbuch der Gesundheitspsychologie
Ein sozialpsychologischer Ansatz
1. Aufl. 1998, 308 S., kt., EUR 30,60 ; ISBN 3-88074-271-5
Mengenpreis: ab 10 Expl. je EUR 24,40
ab 25 Expl. je EUR 22,40
CP-Ausgabe ohne Einband, EUR 16,30; ISBN 3-88074-319-3

Welche Verhaltensmuster schaden der Gesundheit? Warum halten Menschen an gesundheitsschädlichen Verhaltensweisen fest, obwohl sie die möglichen Konsequenzen kennen? Wie können Menschen dazu gebracht werden, ihr Verhalten zu verändern? Diese und andere Schlüsselfragen zum Gesundheitsverhalten werden diskutiert. Neben der theoretischen Darstellung verschiedener psychologischer Modelle und Theorien werteten die Autoren eine Vielzahl von Studien aus und erhielten so eine umfangreiche Materialsammlung, mit der sie ihre Erkenntnisse belegen. Durch graphische Darstellungen der Theorien erleichtern die Autoren vor allem dem Laien und Studierenden das Verständnis für komplexe Vorgänge. Zahlreiche Abbildungen veranschaulichen die Forschungsergebnisse. Das Buch vermittelt einen integrativen Ansatz, der psychologische und ökonomische Interventionen sowie die Veränderung des Umfeldes miteinander kombiniert, um Risikofaktoren für die Gesundheit zu reduzieren.

Ingeborg Wagner
Aufmerksamkeitstraining mit impulsiven Kindern
8. Aufl. 2001, 197 S., kt., EUR 15,20
ISBN 3-88074-234-0

Endlich ein Buch, das sich ganz der Hilfe für jene Kinder verschreibt, bei denen geklagt wird, daß sie ihre Intelligenz durch überstürztes Herangehen an die Aufgabenlösung, durch zu viele Flüchtigkeitsfehler und durch Konzentrationsschwierigkeiten nicht in Leistung umsetzen können. Die Autorin stellt Methoden vor, mit deren Hilfe impulsive Kinder ihre Aufmerksamkeit verbessern können. In einfachen, systematische Übungen lernen sie, auf welche Weise und wie lange sie sich mit einer Aufgabe beschäftigen müssen, um eine gute Lösung zu erzielen.

Georg Hörmann / Martin R. Textor
Praxis der Psychotherapie
Fünf Therapien. Fünf Fallbeispiele
2. Aufl. 1998, 274 S., kt., EUR 20,30 ISBN 3-88074-618-4
CP- Ausgabe ohne Einband, EUR13,70; ISBN 3-88074-320-7

In diesem Band wird von der Praxis der Psychotherapie ausgegangen. Psychotherapeuten aus fünf renommierten Schulen (Psychoanalyse, Gesprächstherapie, Verhaltenstherapie,Individualpsychologie, Gestalttherapie) stellen anhand eines Fallbeispiels typische Therapieverläufe dar, was sie denken und fühlen, weshalb sie bestimmte Interventionen einsetzen und wie ihre Klienten darauf reagieren. Dabei wird reichlich von kommentierten Gesprächsauszügen Gebrauch gemacht.

Georg Hörmann / Wilhelm Körner
Klinische Psychologie
Ein kritisches Handbuch
2. Aufl. 1998, 394 S., kt., EUR 24,50 ISBN 3-88074-277-4
CP-Ausgabe ohne Einband, EUR 16,30; ISBN 3-88074-327-4

Dieses Buch bietet einen kritischen Überblick über das Gesamtgebiet der Klinischen Psychologie, deren Fragestellungen und Konzepte auch für benachbarte Disziplinen Bedeutung erlangt haben. Es werden die theoretischen Grundlagen und zentralen Problemstellungen erörtert, klinisch-psychologische Methoden untersucht und Störungsformen und Anwendungsbereiche diskutiert.

NEU 2000-2002

Norbert W. Lotz / Wolf-Ulrich Scholz
FIRST-Papers zur Rational-Emotiven Verhaltenstherapie.
6 Aufsätze aus den Jahren 1988-1990
1. Aufl. 2002, kart, 14,80 EUR,
ISBN 3-88074-455-5
Aus dem Inhalt: Die Rolle des Therapeuten in der RET. Der Sokratische Dialog. Gedanken und Gefühle. RET in Gruppen. Der Ansatz der RET in der Paartherapie. RET mit Kindern.

Norbert W.Lotz
Das innere Selbstgespräch oder Wie man seine Gefühle und Verhaltsweisen wirksam beeinflussen kann
1. Aufl. 2002, 60 Seiten, kart., 8,90 EUR
ISBN 3-88074-456-4

Gerhard Brandl
Zum Mitmenschen unterwegs. Ein Konzept seelischer Gesundheit.
2. erweiterte Aufl.2002, 160 S. kart. 17,80 EUR
ISBN 3-88074-454-8

Christian P. Hammon
Die psychodiagnostische Baumzeichnung
Wege zu einer systematischen Bildanalyse
1. Aufl. 2001, ca. 300 Seiten, kart., 20,30 EUR
ISBN 3-88074-452-1
Hier werden zunächst Wege und Zugänge für eine systematische Bildanalyse beschrieben, wie sie letztlich für jede psychodiagnostische Zeichnung relevant sind. Der erlebnis- und gleichnishafte, symbolische, korrelationsstatistische, normative und bewertende Zugang wird jeweils als psychodiagnostische Ebene verstanden. Dabei finden modemere Ansätze wie die Chaostheorie oder kunstpsychologische Betrachtungsweisen Eingang, aber auch die Erkenntnisse früherer Autoren. Die folgende Beispielsammlung mit Interpretationsvorschlägen bezieht sich zwar ausdrücklich auf die vorherigen Überlegungen, ist aber mit der Behandlung von Wurzelbereich, Stammbasis, Kronenansatz und Krone sowie Raumphänomenen merkmalsorientiert. Ein zusätzliches Merkmalsregister weist daraufhin, in welchen Abbildungen bestimmte Merkmale zu finden sind. Das Buch wendet sich an alle klinisch oder pädagogisch arbeitende Berufsgruppen in Beratung und Therapie. Es ist aus der Praxisfür ie Praxis geschrieben und versteht sich als Übungs- und Nachschlagewerk sowie als Leitfaden für eine systematische Bildanalyse.

Markus Büchler
Musik und ihre Psychologien
2. Aufl. 2000, 142 Seiten, kart., 20,30 EUR
ISBN 3-88074-180-8
Das Buch wurde von einem Praktiker verfaßt und unternimmt den lange überfälligen Versuch, in komprimierter Form all das zusammenzutragen, was von Psychologen an für die Praxis wichtigen Arbeiten zum Thema „Musik" geschrieben wurde. Der Autor behandelt daher nichtklinisch-psychologische Aspekte der Musikwahrnehmung (sozial-, öko-, kognitions-, entwicklungs-, differential-, gestalt- und emotional-psychologische), neuro-psychologische Aspekte der Musikwahrnehmung und komplexe Musikpsychologien sowie Musikpsychotherapie. Ein inhaltsreiches und anspruchsvolles Kompendium.

Ulrike Winkelmann
Aggression mal konstruktiv
Ambulante Milieutherapie in Theorie und Praxis
1. Aufl. 2000, 120 Seiten, zahlreiche Abb., kart., 15,20 EUR ISBN 3-88074-298-7
Die Autorin erachtet die Milieutherapie als die wirksamste Behandlungsmethode früher Erkrankungen wie Psychosen, Psychosomatik und Borderline-Syndrom. Die Milieutherapie hat sich auch bestens bewährt in der Arbeit mit integrationsschwierigen und drogengefährdeten Jugendlichen. Wenn die Entwicklung in der Kindheit destruktiv verlaufen ist, entstehen Defizite. Viele Fertigkeiten bleiben unterentwickelt und führen später zu realen Beeinträchtigungen im Fühlen, Denken und Handeln. Nach einer historischen Einführung und einem theoretischen Überblick erfolgt eine ausführliche Darstellung verschiedener milieutherapeutischer Gruppenprozesse und der therapeutischen Interventionen. Die eingehenden Schilderungen und praktischen Hinweise führen dem Leser die milieutherapeutische Arbeit und deren weitreichenden Möglichkeiten vor Augen.

O.Berndt Scholz
Freiberger Imaginations-, Relaxations- und Suggestibilitätstest (FIRST)
1.Aufl.2002, Testmanual (incl. Normentabellen, 135 Seiten) incl.CD (Suggestionstext, Testbögen, Auswertungsprogramm) 39,90 EUR
ISBN 3-88074-459-9
Der FIRST basiert auf der Creative Imagination Scale (CIS) von Barber und Wilson. Es handelt sich hier um ein Verfahren zur Messung von Relaxation, Imagination und Suggestibilität.